Gentleman
Image
Tuning

품격 입는 남자

SECOND EDITION

Gentleman Image Tuning

품격 입는 남자
Gentleman Image Tuning - Second Edition
....

2014년 12월 12일 2판 1쇄 인쇄
2014년 12월 19일 2판 1쇄 발행

지은이 | 황정선
펴낸이 | 윤정희
펴낸곳 | (주)황금부엉이

주소 | 서울시 마포구 양화로 127 (서교동) 첨단빌딩 5층
전화 | 02-338-9151
팩스 | 02-338-9155
인터넷 홈페이지 | www.goldenowl.co.kr
출판등록 | 2002년 10월 30일 제 10-2494호

기획편집 본부장 | 홍종훈
편집 | 조연곤
교정·교열 | 주경숙
표지·본문 디자인 | 이미지공작소 02-3474-8192
전략마케팅 | 구본철, 차정욱
제작 | 김유석

ISBN 978-89-6030-408-6 13320

※ 값은 뒤표지에 있습니다.
※ 잘못된 책은 구입하신 서점에서 바꾸어 드립니다.

품격 입는 남자

SECOND EDITION

황정선 지음

기본을 벗고 품격을 입자

남자들을 향한 첫 번째 책 『내 남자를 튜닝하라』에서는 '기본에 충실하라'고 외쳤다. '기본'을 익히기도 전에 '기술'을 먼저 익히면 믿음직하고 성실한 인상을 전달할 수 없기 때문이었다. 그렇다고 해서 누가 보더라도 나이가 느껴지는 중년의 남자가 너무도 정직하고 단정하게 '기본'만 입으면 고루하고 늙은 아저씨로 보이기 쉽다. 여자들이 '아줌마'라는 소리를 듣기 싫어하는 것만큼이나, 남자들도 '아저씨'라는 소리를 싫어한다. 나이 든 여자를 모두 '아줌마'라 부르지 않듯이 세상의 모든 나이 든 남자를 보고 '아저씨'라 부르지 않는다. 관록과 품격이 느껴지는 남자를 보면 쉽게 아저씨라는 호칭을 달 수 없다. 아저씨라 불리기 싫다면 무엇보다 품격을 입어야 한다. 비싼 옷으로 쫙 빼 입으라는 게 아니라 나이에 어울리는 옷차림을 하고, 새 옷을 자꾸 사기보다 품위를 유지할 수 있는 옷차림에 신경을 쓰라는 말이다. 이렇게 나이에 걸맞은 품위를 지키면 품격이 살아난다. 중년의 남자에게 옷은 '날개'가 아니라 곧 '품격'이다. 그래서 적어도 남자 나이 마흔이 되면 자기 옷차림에 책임을 질 수 있어야 한다. 그러기 위해서라도 스스로의 스타일에 관심을 가졌으면 한다. 가끔 실패도 하겠지만, 그런 과정을 겪어야 자기만의 품격을 입을 수 있게 된다. 그동안 옷과 스타일링 감각을 배우고 익히는 기회가 부족했다면 이제부터라도 익히자. 100세 시대라 하지 않던가? 결코 늦지 않았다.

이번 책에서 제시하고 있는 77가지의 아이템 중 새로운 것은 아무것도 없다. 새롭고 창의적인 것은 없지만, 아이템들의 오랜 역사와 전통이 무엇인지, 섬세한 디테일들은 무엇을 나타내는지를 이야기해 보았다. 남자의 물건은 스토리와 디테일이 담길수록 품격이 올라가기 때문이다. 적혀 있는 어려운 패션 용어들에 너무 민감하지 않아도 된다. 이런 전문 용어를 들먹이며 허세부릴 나이도 이미 지났다. 하지만 무시하지는 말자. 딤플이 더 이상 위스키 이름이 아니라는 것도 알고, 포켓치프와 행커치프를 구별할 줄 알고, 부토니에를 어디에 꽂는지 정도는 알고 살자.

나는 이제부터 품격을 입는 남자는 모두 '오빠'라 부르려 한다. 품격을 입고 싶어 하는 오빠들을 향한 내 마음은 '그녀의 취향'에 적어 보았다. 여자의 안목을 존중하는 것도 품격 있는 남자의 행동이리라. 그리고 여자의 시선을 의식하면 로맨스를 상실하지 않을 수 있다. 로맨스를 포기하지 않는 남자는 영원히 섹시하다. 품격을 입은 섹시한 남자가 진정한 젠틀맨이 아닐까?

황 정 선

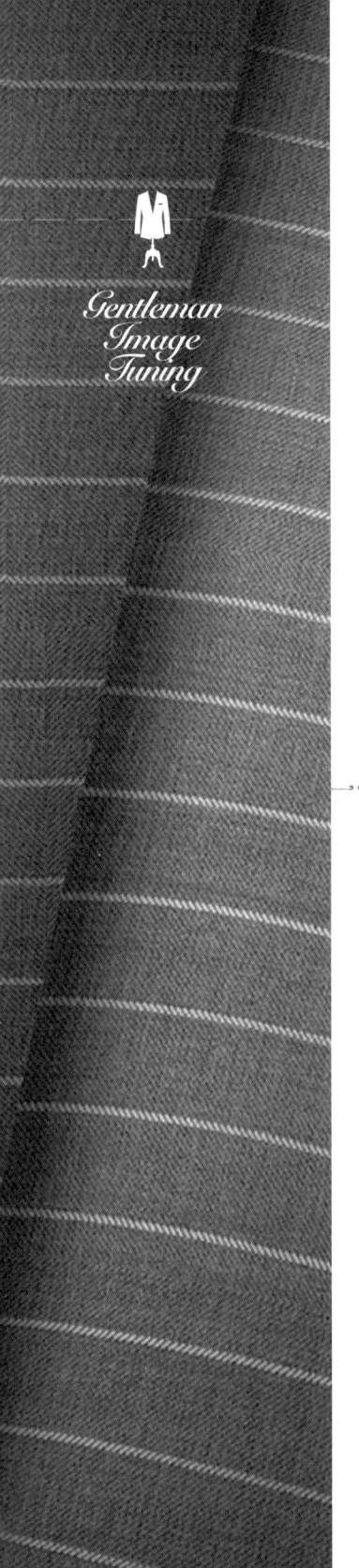

Chapter 1.

Suit

1. 그레이 슈트 ············ 12
2. 네이비 슈트 ············ 18
3. 스트라이프 슈트 ········ 24
4. 체크 슈트 ············· 30
5. 더블 브레스티드 슈트 ···· 40
6. 스리피스 슈트 ·········· 46
7. 체형별 슈트 ············ 50

Chapter 4.

Casual Outer

1. M-65 재킷 ············ 152
2. 레더 재킷 ············· 158
3. 블루종 ················ 164
4. 마운틴 파카 ············ 170
5. 오일드 재킷 ············ 176
6. 플라이트 재킷 ·········· 182
7. 스타디움 점퍼 ·········· 184

Chapter 2.
Jacket

1. 테일러드 재킷 ·········· 68
2. 네이비 블레이저 ········ 74
3. 코튼 재킷 ············· 80
4. 리넨 재킷 ············· 84
5. 사파리 재킷 ··········· 90
6. 체크 재킷 ············· 94
7. 트위드 재킷 ·········· 100

Chapter 3.
Business Outer

1. 트렌치코트 ············108
2. 발마칸 코트 ···········114
3. 체스터필드 코트 ·······120
4. 더플코트 ·············126
5. 피코트 ···············132
6. 퀼팅 재킷 ············138
7. 다운재킷 ·············144

Chapter 5.
Shirt

1. 화이트 셔츠 ··········· 188
2. 스트라이프 셔츠 ······· 194
3. 버튼다운 셔츠 ········· 200
4. 데님 & 샴브레이 셔츠 ··· 206
5. 체크 셔츠 ············ 210
6. 폴로셔츠 ············· 218
7. 티셔츠 ··············· 222

Chapter 6.
Knit & Vest

1. 니트 ················· 230
2. 스웨터 ··············· 236
3. 카디건 ··············· 242
4. 터틀넥 ··············· 248
5. 베스트 ··············· 252
6. 니트 베스트 ··········· 258
7. 패딩 베스트 ··········· 264

Chapter 7.
Tie & V zone

1. 타이 ················ 272
2. 타이 테크닉 ··········· 276
3. 타이 & 셔츠 ··········· 282
4. 브이존 ··············· 288
5. 프레젠테이션 스타일링 ·· 294
6. 협상 스타일링 ········· 296
7. 크리에이티브 스타일링 ·· 298

Chapter 10.
Business Accessory

1. 가방 ················ 362
2. 벨트 ················ 366
3. 시계 ················ 370
4. 포켓치프 ············· 374
5. 커프 링크스 ·········· 378
6. 타이 바 ············· 382
7. 서스펜더 ············· 384

Chapter 8.
Pants

1. 그레이 팬츠 ············ 302
2. 치노 팬츠 ············ 308
3. 데님 팬츠 ············ 314
4. 카고 팬츠 ············ 320
5. 코듀로이 팬츠 ········· 326
6. 스웨트 팬츠 ·········· 332
7. 쇼트 팬츠 ············ 338

Chapter 9.
Shoes

1. 스트레이트 팁 ········ 346
2. 윙 팁 ················ 348
3. 몽크 스트랩 ·········· 350
4. 로퍼 ················· 352
5. 처커 부츠 ············ 354
6. 데저트 부츠 ·········· 356
7. 데크 슈즈 ············ 358

Chapter 11.
Casual Accessory

1. 안경 ················· 388
2. 부토니에 ············· 396
3. 손수건 ··············· 398
4. 머플러 ··············· 400
5. 스카프 ··············· 402
6. 양말 ················· 404
7. 언더웨어 ············· 408

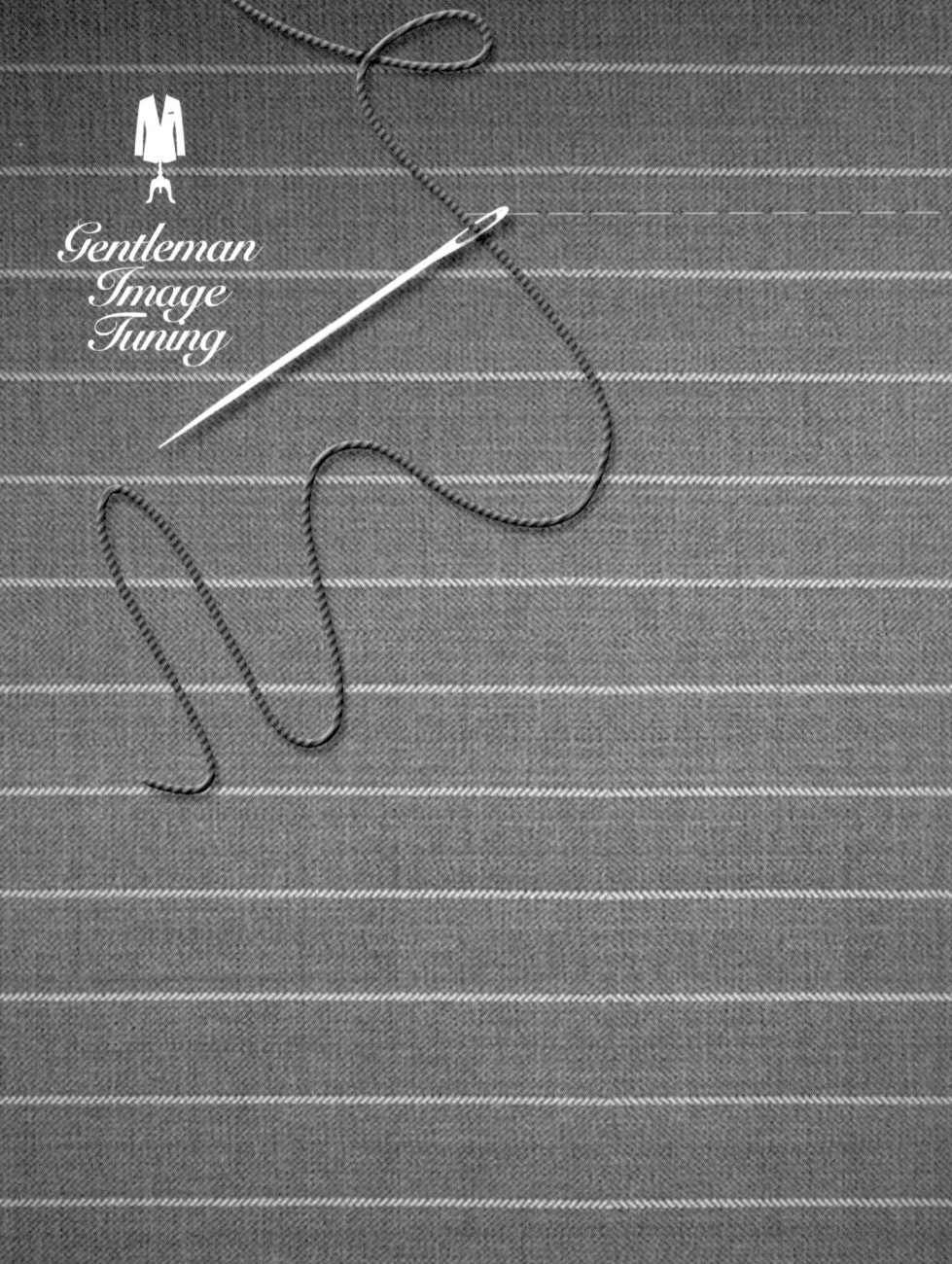

Suit 1 Gray Suit

그레이 슈트

그레이 슈트 gray suit 는 보는 사람에게 신뢰감을 주는 현대적이고 세련된 아이템이다. 평생 하나의 슈트만 입어야 한다면 검정이나 남색이 아니라 회색을 선택하자. 네이비도 색의 농담을 가지고 있지만 그레이는 색조의 폭이 더 넓기 때문에 다양한 분위기를 표현할 수 있고, 개성을 드러내기도 쉽다.

그레이 슈트의 색을 이해하면 상황에 맞는 연출이 쉬워진다. 밝은 라이트 그레이 light gray 는 특유의 부드럽고 품위 있는 질감이 인상을 부드럽게 만든다. 반면 어두운 차콜 그레이 charcoal gray 는 중후하고 차분한 인상으로 카리스마를 발한다. 이 두 색의 중간인 미디엄 그레이 medium gray 는 양쪽의 특징을 다 갖추고 있기 때문에 스타일링에 편하다.

그레이는 은근히 유행을 타지만 차콜이나 라이트 그레이에 비해 미디엄 그레이는 무난한 편이다. 슈트 색이 진하면 그레이든 네이비든 상관없이 셔츠 색과의 대비가 강해진다. 대비가 강하다는 말은 코디네이션이 어렵다는 뜻이다. 그러나 미디엄 그레이라면 어떤 색깔의 셔츠나 타이와도 잘 어울리므로 활용도가 높다. 화이트 셔츠 white shirt 와 함께 입는 것만은 피하자. 너무 평범하고 수수해 보일 수 있으니 블루 셔츠 blue shirt 를 활용하길 권한다. 그레이와 블루는 매우 잘 어울리는 배색으로, 어떤 비즈니스 상황이라도 차분하고 편안하며 이지적인 느낌을 줄 수 있다. 이제 그레이 슈트는 나이 지긋한 비즈니스맨의 전유물이라는 고정관념을 떨쳐 버릴 때도 됐다.

+α 톤 온 톤(tone on tone)

색은 색상, 명도, 채도의 3속성으로 구성되며 명도, 채도를 동시에 고려한 것이 '톤 tone '이다. 따라서 '톤 온 톤'이란 같은 색상에 톤의 차이를 두는 것을 말한다. 만들기 쉽고 정리하기 쉬운 배색이지만, 단조로운 인상을 줄 수 있으므로 색의 농담으로 강약을 주는 것이 좋다.

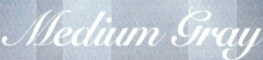

미디엄 그레이(medium gray)
라이트 그레이와 차콜 그레이의 장점을 모두 갖춘 미디엄 그레이. 그레이 슈트 한 벌이 필요하다면 미디엄 그레이를 선택하는 것이 정답이다. 어떤 셔츠나 타이와 매치해도 잘 어울린다. 그레이는 의외로 유행을 반영하기 쉬운 색이지만 미디엄 그레이라면 트렌드에 뒤처지지 않는다.

Gentleman Image Tuning

비든 상관없이 셔츠 색과의 대비가 강해진다. 대비가 강하다는 말은 코디네이션이 어렵다는 뜻이다. 그러나 미디엄 그레이라면 어떤 색깔의 셔츠나 타이와도 잘 어울리므로 활용도가 높다. 화이트 셔츠 white shirt 와 함께 입는 것만은 피하자. 너무 평범하고 수수해 보일 수 있으니 블루 셔츠 blue shirt 를 활용하길 권한다. 그레이와 블루는 매우 잘 어울리는 배색으로, 어떤 비즈니스 상황이라도 차분하고 편안하며 이지적인 느낌을 줄 수 있다. 이제 그레이 슈트는 나이 지긋한 비즈니스맨의 전유물이라는 고정관념을 떨쳐 버릴 때도 됐다.

+α 톤 온 톤(tone on tone)

색은 색상, 명도, 채도의 3속성으로 구성되며 명도, 채도를 동시에 고려한 것이 '톤 tone '이다. 따라서 '톤 온 톤'이란 같은 색상에 톤의 차이를 두는 것을 말한다. 만들기 쉽고 정리하기 쉬운 배색이지만, 단조로운 인상을 줄 수 있으므로 색의 농담으로 강약을 주는 것이 좋다.

미디엄 그레이(medium gray)
라이트 그레이와 차콜 그레이의 장점을 모두 갖춘 미디엄 그레이. 그레이 슈트 한 벌이 필요하다면 미디엄 그레이를 선택하는 것이 정답이다. 어떤 셔츠나 타이와 매치해도 잘 어울린다. 그레이는 의외로 유행을 반영하기 쉬운 색이지만 미디엄 그레이라면 트렌드에 뒤처지지 않는다.

라이트 그레이(light gray)
밝은 라이트 그레이는 부드럽고 품위 있는 질감이 특징으로, 밝고 부드러운 인상을 만든다. 경쾌한 느낌을 주지만 자칫하면 가벼워 보일 수 있으니 톤 온 톤 스타일링으로 완성하는 것이 좋다. 은갈치를 연상시키는 광택 있는 라이트 그레이 슈트는 좀 모자라 보일 수 있다는 사실을 명심하자.

Charcoal Gray

차콜 그레이(charcoal gray)
흔히 진회색, 쥐색이라고 부르는 차콜 그레이는 상대방에게 편안함과 신뢰감을 주는 최상의 컬러다. 중후하고 차분한 인상을 주면서 동시에 카리스마를 발한다. 차콜 그레이의 또 다른 매력은 비즈니스뿐 아니라 파티처럼 격식이 필요한 자리에도 잘 어울려 활용도가 높다는 점이다.

 그녀의 취향

아무리 비싸고 좋은 원단을 사용하고, 이태리 장인이 한 땀 한 땀 바느질한 맞춤 슈트라고 하더라도 사이즈가 오빠 몸에 잘 맞지 않으면 소용없어. 홈쇼핑에서 전화로 구입한 슈트와 별 차이 없다니까. 젊은 시절에 날렵한 몸매를 자랑하던 오빠도 나이 들면서 후덕하게 변한 몸태를 보며 한숨짓겠지. 감추고 싶다는 불타는 욕망으로 큰 사이즈를 입는다는 거 잘 알아. 더구나 오빠가 사회생활을 시작했던 '응답하라 1990' 시대는 라인도 박시하고 여유로운 아메리칸 스타일이 유행이었어. 슈트를 누구나 큼지막하게 입었었잖아.

하지만 요즘은 슈트를 입고 오빠의 섹시한 허리 라인이 드러나지 않으면 뚱뚱해 보여. 엉덩이를 푹 덮는 큰 사이즈의 재킷 길이는 다리를 짧아 보이게 하고, 바짓단이 주름진 데다가 바지통까지 넓으면 나이 들어 보일 뿐 아니라 지루한 인상까지 주지. 허리 라인, 재킷 길이, 바짓단과 바지통! 이 세 가지만 신경 써도 아저씨로 불리지 않을 수 있어. 슈트는 남자를 돋보이게 하는 의복이지 결코 아저씨들의 유니폼이 되어서는 안 돼. 알았지?

Suit 2 Navy Suit

네이비 슈트

슈트 컬러는 남자의 이미지를 결정짓는 중요한 요소다. 단정하고 분명한 이미지를 남기는 네이비 슈트 navy suit 는 신뢰감이 기본인 비즈니스 자리에서 왕도일 수밖에 없다. 다양한 연출이 가능하고, 화려한 자리나 클래식한 자리에서도 시간대나 상황을 가리지 않고 활용할 수 있으니 슈트 색이 망설여질 때는 응용 범위가 넓은 네이비 슈트를 고르면 된다.

우유부단해서 좀처럼 마음을 정하지 못하는 남자라도, 푸른색 계열의 슈트로 해결하지 못할 고민은 없다. 신입사원도 아니니 이 푸른색 계열이 꼭 다크 네이비 dark navy 일 필요도 없다. 좀 더 밝고 신선한 푸른색 슈트가 놀라운 효과를 발휘하기도 한다. 단, 이제는 지나치게 밝거나 과하게 과감한 선택은 자제할 줄 알아야 한다. 가벼운 듯 차분하고 비즈니스에 적합하면서도 세련된 네이비는 색이 깊고 짙은 계열이 좋다. 네이비 무지 슈트는 생각보다 가

Gentleman Image Tuning

격이 쉽게 드러나니 원단을 잘 살펴보고 고급스러워 보이는 것으로 골라야 한다.

네이비 슈트의 정석 스타일링인 흰색 셔츠와 포켓치프 pocketchief, 파란색 타이는 분명 담백하고 깨끗한 스타일을 완성하는 기본이자 최적의 방법이다. 하지만 이제부터는 화사한 블루 계열의 무늬 있는 타이로 포인트를 주자. 레지멘탈 타이 regimental tie 로는 적극성을, 도트 dot 무늬 타이로는 성실함을 강조할 수 있다. 블루 셔츠나 스트라이프 셔츠도 적극적으로 입어 보자. 날마다 입던 네이비 슈트라도 셔츠와 타이를 바꾸면 새롭게 느껴질 것이다.

+α 그러데이션(gradation)

같은 색에 단계적으로 톤의 변화를 주거나 색상을 단계적으로 배치하면 리듬감과 역동감이 생긴다. 예를 들어 진한 남색의 슈트에 남색의 셔츠를 입고 연한 남색 타이를 매치하면 세련되어 보이는데, 이렇게 색채나 농담이 밝은 부분에서 어두운 부분으로 점차 옮겨지는 것을 '그러데이션 또는 농담법'이라고 한다.

Navy Suit

성실한 이미지
성실한 인상을 강조하고 싶다면 흰색 셔츠에 작은 물방울무늬 타이를 매거나 체크 셔츠에 브라운 타이를 맨다. 너무 수수하게 보인다면 가슴에 타이와 동색 계열의 포켓치프를 꽂아 포인트를 줄 수 있다.

Navy Suit

프로페셔널한 이미지
톤 자체가 안정감을 주는 네이비 슈트를 입고, 셔츠와 타이까지 모두 푸른색 그러데이션으로 정돈하면 일 잘하는 남자의 모습으로 연출할 수 있다. 이때 은근한 멋을 표현하고 싶다면 타이는 무늬가 있는 것으로 선택하자. 체크무늬 타이를 선택하면 포인트가 되어 차분하면서도 활기찬 인상을 만든다.

Navy Suit

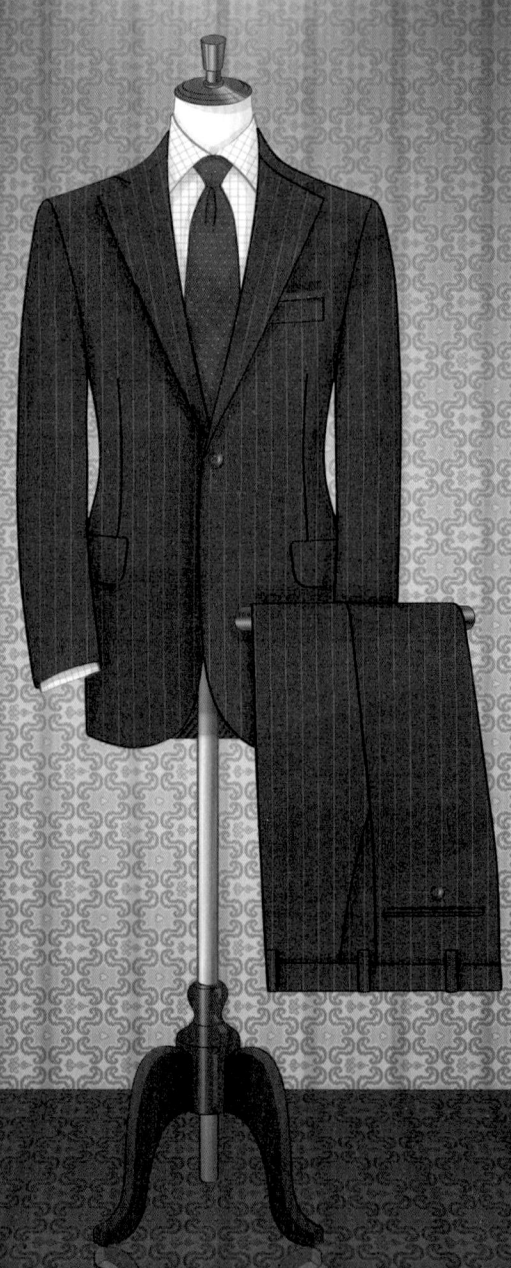

화려한 이미지
네이비 슈트를 화려하게 연출하고 싶다면 스트라이프 셔츠에 작은 무늬 타이를 매고, 흰색 포켓치프를 꽂는다. 화려한 페이즐리 패턴이나 니트 타이를 활용하면 당당하고 생동감 있는 이미지를 만들 수 있다.

 그녀의 취향

내가 헐렁한 슈트를 입으면 뚱뚱한 몸을 더 강조하고 나이 들어 보이니 몸에 딱 맞는 슈트를 입으라고 했지, 최첨단 유행의 누가 봐도 불편하게 보이는 터질 듯한 슈트를 입으라고는 안 했잖아? 좁고 뾰족한 라펠의 슈트는 오빠를 젊어 보이게 하긴커녕 양아치처럼 보이게 할 수도 있어. 라펠 폭이 넓어 브이존에 차분함을 연출하는 것이 오빠 슈트의 자격이라고! 또 슈트는 어깨로 입는다는 말 들어봤지? 어깨가 위로 솟거나 불필요한 주름이 생기면 안 돼. 오빠의 뒤태가 아무리 죽음의 힙 라인을 가지고 있다고 해도 엉덩이가 드러나는 순간 경박스러움을 만천하에 드러내는 꼴이라는 것도 잊지 마. 슈트의 재킷 길이는 엉덩이가 반쯤 가려지는 정도가 딱 좋아. 내가 말하는 몸에 딱 맞는 슈트란 겉보기에 위화감을 주지 않는 걸 말해. 따라서 바지도 스키니같이 보이는 걸 입고 나오면 곤란해. 딱 붙지 않고도 하반신을 날씬해 보이게 하는 바지는 얼마든지 있다고.

Suit 3 Stripe Suit

스트라이프 슈트

슈트의 인상을 결정하는 중요한 요소 중 하나는 '무늬'이다. 가장 대표적인 것이 스트라이프 stripe 로, 키가 크고 늘씬하게 보인다는 이유로 남자들이 선호하는 무늬이기도 하다. 클래식한 슈트 스타일이 트렌드로 부상하면서 최근에는 스트라이프 슈트도 많이 볼 수 있다.

스트라이프는 줄무늬 간격에 따라 다른 느낌을 주는데, 간격이 좁을수록 안정적이고 침착해 보이며 넓을수록 젊고 화려해 보인다. 그러나 너무 눈에 띄는 스트라이프 슈트는 지나치게 개성이 강해 직업이 의심스러울 수 있으므로 연출에 신경을 써야 한다. 굵고 투박한 초크 스트라이프 chalk stripe 에 비해 가느다란 핀 스트라이프 pin stripe 는 무난하다. 따라서 초보자라도 얌전한 핀 스트라이프를 선택하면 무지 감각으로 입어낼 수 있다. 핀 스트라이프의 간격이 1~1.5cm라면 스트라이프 셔츠와 매치해도 부딪치지 않고 잘 어울린다.

Gentleman Image Tuning

스트라이프 두께를 의식해서 가는 스트라이프 슈트에는 넓은 간격이나 큰 무늬의 셔츠와 타이를, 굵은 스트라이프 슈트에는 좁은 간격이나 작은 무늬의 셔츠와 타이를 맞추는 것이 기본이다. 또 네이비 슈트라면 무지보다 핀 스트라이프를 선택하길 권한다. 네이비 슈트의 경우 무지보다 스트라이프 쪽이 가격을 알아보기 더 어렵기 때문이다. 기본적인 미색 핀 스트라이프에 싫증이 났다면 어두운 레드나 밝은 블루 스트라이프로 바꿔 보자. 색다른 느낌이 들 것이다.

+α 펜슬 스트라이프(pencil stripe)

슈트에 사용되는 스트라이프 중 연필로 선을 그은 것 같은 얇은 줄무늬를 '펜슬 스트라이프'라고 한다. 선은 확실히 보이지만 강하지는 않다. 초크 스트라이프보다 선이 가늘고 간격이 좁은 세로줄인데 원단과 반대색의 선이 많은 것이 특징이다. 세련되고 섬세하며 젊고 성실한 인상을 준다.

Pin Stripe Suit

핀 스트라이프(pin stripe)
핀 스트라이프는 핀(바늘) 머리를 나란히 놓은 것 같은 점들이 연결되어 있는 선이 특징이다. 스트라이프 중에서도 무지에 가깝고 가장 범용성이 높은 섬세한 패턴이다. 무늬가 지나치게 강조되지 않으면서도 몸을 날씬하게 보여준다.

Chalk Stripe

초크 스트라이프(chalk stripe)
초크(분필)로 그은 것 같은 약간 흐릿한 윤곽의 줄무늬가 부드러운 인상을 만든다. 펜슬 스트라이프보다 약간 두꺼운 스트라이프로 신뢰감을 주고, 권위적이며, 리더십이 느껴지도록 연출할 수 있다. 플란넬 소재의 초크 스트라이프라면 부드러운 카리스마를 느끼게 하는 겨울용 슈트로 손색없다.

Alternate Stripe

얼터네이트 스트라이프(alternate stripe)
두 종류의 다른 스트라이프가 서로 번갈아 배열된 세로줄 무늬를 말한다. 보통 한 색이 흰색인 경우가 많다. 클래식한 무드를 연출하며, 차분하고 품위 있게 느껴진다. 스트라이프 슈트에 스트라이프 셔츠를 매치할 때는 셔츠의 스트라이프가 항상 슈트의 것보다 선명해야 한다.

 그녀의 취향

오빠가 슈트를 입었을 때 품격을 표현하고 싶다면 브리티시 슈트 british suit를 추천할게. 가장 오랜 역사를 자랑하는 브리티시 슈트는 대개 어깨가 높고 허리가 좁은 실루엣이 많은데 전통 군복에서 시작된 양식이 이어져왔기 때문이래. 브리티시 슈트의 세 가지 특징은 첫째 각진 어깨, 둘째 플랩 포켓과 티켓 포켓, 셋째 사이드 벤트야. 강하고 단단한 어깨와 넓고 두툼한 가슴, 매끈하게 강조된 허리 라인을 가진 실루엣이 많아. 어깨는 위로 살짝 솟아 각진 형태를 이루고, 티켓 포켓은 원래 기차 티켓을 보관하기 위해 만들어진 것으로 20세기 초에 유래되었는데 최근에는 플랩만 달기도 하지. 재킷 뒤에 트임이 2개 있는 사이드 벤트는 말을 타던 군인들이 재킷 아래쪽에 주름이 생기는 걸 방지하려고 만든 거야. 각진 어깨와 타이트한 허리 덕에 처음 입으면 불편하다고 느낄 수 있지만 자연스럽게 몸에 긴장감이 생기고 반듯한 몸가짐을 갖게 되니 품위 있는 스타일을 연출할 수 있을 거야. 어때? 괜찮지?

Suit 4 Check Suit

체크 슈트

경쾌하면서도 클래식한 체크는 멋스러움을 추구하는 남자라면 확실한 무기가 될 것이다. 체크 슈트 check suit 는 왜소한 체형에 잘 어울리는데 처음부터 요란한 체크 슈트를 사서 한 번도 안 입고 옷장 속에 모셔두지 말고 무난한 것을 선택하자. 또 체크가 굵으면 굵을수록, 패턴이 크면 클수록 더 캐주얼하게 보인다.

우리가 일반적으로 생각하는 체크라기엔 블록 크기가 큰 윈도페인 체크 windowpane check 는 자칫 심심해 보이기도 하고 바둑판처럼 보이기도 하므로 가장 신중하게 골라야 하는 무늬이다. 보통 블랙, 네이비, 그레이 같은 단색 바탕에 밝은 블루, 어두운 레드, 화이트와 같은 대조적인 색상이 가미되어 있기 때문에 스타일의 분위기를 띄우는 데는 손색이 없다. 또 비슷한 옷을 입은 남자들 사이에서 은근하게 주목받고 싶다면 글렌체크 glen check 슈트를 선택하자. 코디하기 어려운 글렌체크 슈트는 안에 조끼를 맞춰 입으면 진중함이 부각된다.

Gentleman Image Tuning

각기 다른 체크무늬를 섞어 입는 것은 상급자 연출법인데, 같은 체크라도 확연히 크기가 다른 체크를 선택하면 비슷한 크기의 체크무늬를 섞어 입는 것보다 훨씬 조화롭다. 이때 컬러는 톤 온 톤으로 맞추는 것이 세련되어 보인다. 체크무늬를 잘 소화할 자신이 없다면 특유의 무늬가 클래식한 취향을 나타내는 헤링본 herringbone 을 추천한다. 또 얼핏 보면 무지로 보이지만 자세히 보면 섬세한 물방울무늬가 들어 있는 버즈아이 bird's eye 도 권하고 싶다.

+α 브라운 슈트(brown suit)

그레이나 네이비 슈트에 비해 브라운 컬러는 편안한 인상을 주기 쉽기 때문에 비즈니스 자리에서 입을 때는 주의가 필요하다. 너무 수수해서 자칫 초라해 보이기 쉽고 어딘가 아저씨 분위기까지 풍긴다. 스타일링을 할 때 색과 무늬를 추가해 살짝 대담해 보이도록 연출하면 세련되고 어른스럽게 보인다.

Gun Club Check

건클럽체크(gun club check)
가로세로가 똑같은 한 가지 색의 격자무늬 사이에 다른 색의 격자를 배치한 무늬이다. 미국 수렵 클럽의 유니폼 무늬에서 시작되었기 때문에 이런 이름이 붙었다. 농담의 차이가 있는 같은 색 두 가지, 또는 두 종류의 다른 색 셰퍼드 체크(shepherd check)를 조합해 작은 격자무늬를 만들었고, 수렵용으로 사용했기 때문에 어스 컬러(earth color)가 많아 자연의 냄새가 나는 내추럴한 인상을 준다.

Glen Check

글렌체크(glen check)
두 가지 색으로 된 격자 안에 얇은 격자가 겹쳐진 무늬이다. 정식 명칭인 글레너카트(glenurquhart)는 스코틀랜드어로 '아카트 협곡'이란 뜻인데, 이 지역에서 처음 만들어진 무늬라 골짜기 명칭이 그대로 무늬의 이름이 되었다. 영국의 전통을 상징하는 글렌체크는 비교적 큰 스케일의 격자무늬로 두 가지 컬러의 배색이 기본을 이룬다. 가장 베이식하면서 클래식한 느낌을 주는 글렌체크는 정중하고 우아한 분위기를 살려준다.

Hound's Tooth Check

하운드 투스 체크(hound's tooth check)
하나하나의 무늬가 사냥개인 하운드의 뾰족한 이빨을 닮았다고 해서 붙은 이름으로 영국의 전통 무늬를 말한다. 블랙 x 화이트나 브라운 x 화이트의 강렬한 컬러 대비가 일반적이다. 셰퍼드 체크(shepherd check)보다 크고 거친 느낌이며, 영국을 대표하는 고전적인 무늬 중 하나로 클래식한 이미지를 끌어낸다.

Window pane Check

윈도페인 체크(windowpane check)
얇은 한 줄의 세로줄과 가로줄이 교차한 장방형 또는 정방형의 무늬가 창틀 모양의 격자로 보인다고 해서 붙은 이름이다. 큰 패턴에 작은 체크가 겹쳐지거나 2개의 체크가 교차하는 등 심플한 형태보다는 다양하게 변형된 체크가 많다. 클래식한 분위기라 가을 겨울에 제격이다.

Black Watch Check

블랙 워치 체크(black watch check)
블랙 워치는 영국 육군으로 유명한 제42 고지(高地) 연대가 제복으로 채용한 군대용 타탄체크(tartan check) 무늬의 일종이다. '검은 파수꾼'이라는 이름 그대로 전체가 어두운 색채이며, 파란 원단에 초록과 검정 배색의 격자무늬로 되어 있다. 어두운색의 조합이지만 약간 캐주얼한 느낌을 준다.

Bird's Eye

버즈아이(bird's eye)
체크무늬는 아니지만 슈트에 많이 사용되는 무늬 중 버즈아이와 헤링본이 있다. 버즈아이는 동그라미의 한가운데에 작고 둥근 점이 늘어선 형태로 섬세하게 짜인 무늬이다. 새의 눈처럼 보여 '버즈아이'라고 부르는데, 멀리서는 무지같이 보이는 도트가 차분한 인상을 준다.

Herringbone

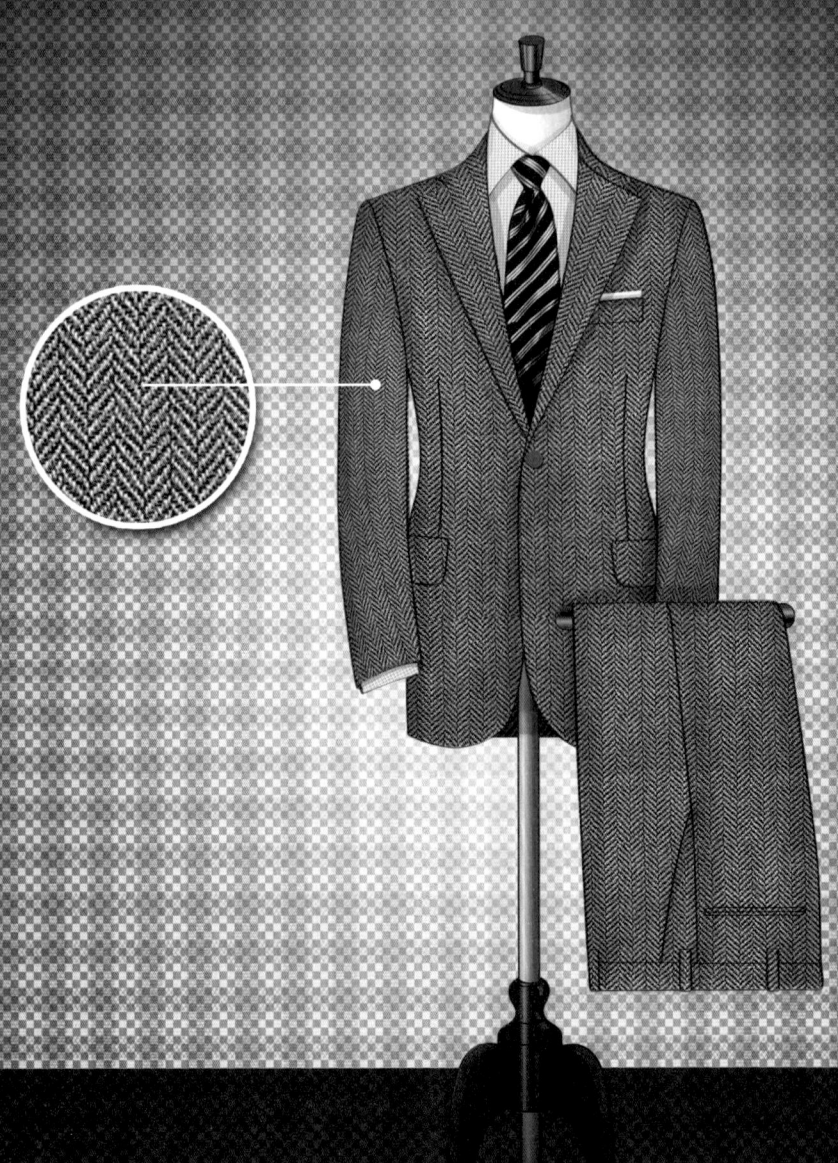

헤링본(herringbone)

헤링(herring, 청어)의 본(bone, 뼈). 즉 생선 청어의 뼈 모양을 닮아서 이렇게 불린다. 사선이 교차해 삼각산을 만들어 일정한 간격을 유지하는 무늬로 입체적인 느낌이 든다. 얇은 직조의 헤링본 무늬는 샤프한 분위기를 주는데, 트위드에 쓰이는 대표적 패턴이다. 슈트나 재킷, 코트 등에 주로 사용되며 중후한 매력을 풍긴다.

 그녀의 취향

이탈리아 슈트는 한국 남자들에게 인기가 좋을 뿐 아니라 가장 잘 어울리기도 해. 다른 슈트 스타일보다 화려하고 세밀하게 만들기 때문에 누구보다 돋보이고 싶다면 오빠에게 이탈리아 슈트를 추천할게. 이탈리아 슈트의 가장 큰 특징은 '마니카 카마치아 manica camicia'야. 진동둘레를 최대한 작게 만들어 겨드랑이에 붙이는 대신 어깨의 원단에 여유를 줘서 세로 주름을 만드는 것을 말하는데, 슈트를 입고도 마치 셔츠를 입은 것 같은 편안함을 준대. 두 번째 특징은 '스트라파타 strapata'라고도 불리는 라펠 lapel인데, 스리 버튼 three button 슈트를 기본으로 하되 맨 위에 있는 단추가 젖혀진 라펠과 함께 자연스럽게 돌아가 투 버튼 two button 처럼 보이도록 해줘. 이게 가슴과 라펠을 입체적으로 만들어 우아한 분위기를 연출하지. 세 번째 기억할 특징은 가슴 주머니인 '라 바르카 la barca'. 이것은 가슴 주머니를 직선이 아닌 배의 밑면처럼 둥글게 재단한 걸 말하는데 상체에 훨씬 입체감을 더해줘. 이 어려운 용어를 외워야 하냐고? 아니, 그냥 이렇게 듣기만 해도 오빠는 충분히 섹시하고 화려한 스타일을 연출할 수 있을 거야.

Suit 5 Double Breasted Suit

더블 브레스티드 슈트

더블 브레스티드 슈트 double breasted suit 는 투 버튼이나 스리 버튼과 달리 앞모양의 버튼이 두 줄로 되어 있는 영국 클래식 스타일의 대표적인 디자인이다. 마른 사람보다 다부진 체형을 가진 사람한테 더 잘 어울리고, 싱글 브레스티드 슈트 single breasted suit 에 없는 관록을 느끼게 해준다.

고전적인 더블 브레스티드 슈트는 뾰족한 피크트 라펠 peaked lapel 과 6개의 단추가 달려 있으며 오른쪽 가운데와 아래의 단추만 실제로 사용한다. 전체 더블 브레스티드 중 가장 활용도가 높다. 가슴 양쪽으로 배열된 단추 덕분에 싱글 브레스티드 슈트를 입었을 때보다 건장해 보인다. 이미지에 변화를 주고 싶다면 포켓치프를 꽂아 우아한 느낌을 더한다. 좀 더 가볍게 입으려면 단추가 4개만 달린 모던한 더블 브레스티드 슈트를 선택하면 된다.

Gentleman Image Tuning

클래식한 느낌과 남성미라는 두 마리 토끼를 한 번에 잡을 수 있는 더블 브레스티드 슈트지만 지금까지는 아저씨 이미지가 강했다. 최근에는 좀 더 슬림하게 변하면서 멋쟁이의 필수 아이템이 되었는데 품의 양쪽 측면을 날렵하게 감싸고, 소매도 슬림하며, 어깨 패드pad를 최대한 줄여 몸에 밀착되도록 만든 것을 선택하면 젊고 스타일리시하게 입을 수 있다. 기본적으로 싱글 브레스티드 슈트보다 화려해 보이는데, 두 줄로 달린 단추에 깃이 뾰족한 스타일이라면 드레시한 장소에도 아주 잘 어울린다. 당당한 풍채를 드러내야 하는 비즈니스 모임에 특히 효과적이다.

+α 라펠(lapel)

라펠이란 아래 깃을 말한다. 위쪽 깃(칼라)과의 조합으로 재킷의 인상을 좌우하는 중요한 포인트가 되는 디테일이다. 가장 보편적인 모양은 칼라와 라펠의 경계선이 적당히 벌어진 노치트 라펠로, 싱글 브레스티드 재킷의 가장 일반적이고 정통적인 라펠이다. 피크트 라펠은 라펠의 끝이 위로 향해 있는 형태로 드레시한 슈트에 잘 어울리며, 더블 브레스티드처럼 포멀한 재킷에 많이 사용한다.

The Six-On-Two

더블 브레스티드 재킷에 단추를 다는 방법은 여러 가지가 있지만 가격 대비 효율성과 멋을 따지자면 두 줄로 된 6개의 버튼이 가장 좋다. '식스 온 투 (six-on-two)'라고 부른다. 더블 브레스티드 재킷 중에서는 가장 전통적인 스타일인데 높이감이나 타이트한 V자의 파임이 단정하고 세련되어 보인다. 단, 싱글 브레스티드 재킷에 비해 뚱뚱해 보일 수 있다.

The Six-On-Two

더블 브레스티드는 중후한 느낌을 주는 슈트로 반드시 몸에 딱 맞게 입어야 멋스럽다. 재킷 안쪽에 달린 보조 단추를 의미하는 '지거(jigger)'는 반드시 잠가야 모든 것이 제자리를 지킨다. 식스 온 투 재킷의 경우 오른쪽 아래 2개의 단추만 사용한다. 가운데 단추만 채우고 맨 아래 단추는 항상 열어두는 것이 올바른 착장법이다.

The Four-On-One

노치트 라펠(notched lapel)은 남성 복식의 가장 고전적인 무기 중 하나지만 더블 브레스티드 슈트는 노치트 라펠을 달지 않는 것이 좋다. 라펠의 끝이 뾰족하게 위를 향한 피크트 라펠(peaked lapel)이야말로 더블 브레스티드 슈트의 상징이다. 우아한 장식성과 드레시한 멋을 제대로 살린 패셔너블한 슈트다. 특히 윈저 공(duke of Windsor)이 아주 사랑했던 슈트로 영국적 전통을 고스란히 간직하고 있다.

 그녀의 취향

『로마인 이야기』를 쓴 시오노 나나미는 세상에는 두 종류의 남자가 있다고 말하지. 슈트를 그냥 입는 남자와 슈트를 제대로 입는 남자. 슈트를 제대로 입는 남자가 되려면 착장법대로 입는 것도 중요하지만 그보다 나이에 맞게 입는 게 전제되어야 해. 나이보다 젊게 보이는 연출은 센스로 느껴질 수 있지만, 나잇값 못하게 보이면 진짜 없어 보이는 법이거든. 물론 오빠의 취향을 존중하지만, 보는 사람을 생각해서 최소한의 기준은 지켜줘야 제대로 된 멋이 나오는 법이야. 멋을 안 부린 듯 부리고, 유행을 무시한 듯 반영한 스타일! 이런 연출이야말로 나이를 불문하고 오빠라는 말을 들을 수 있는 방식이지. 따라서 오빠가 아무리 멋진 몸매라고 해도 지나치게 슬림한 것을 선택하거나 너무 짧은 턴업 스타일로 슈트를 망치지 않길 바라. 단순한 컬러와 패턴을 고르되 한두 가지로 포인트를 주는 게 중요해. 간혹 너무 보수적이고 무난한 스타일링만 선택하는 사람들이 있는데, 이러면 '꼰대'로 보일 수 있다는 거 알지?

Suit 6 Three-piece Suit

스리피스 슈트

성숙함과 안정감을 느끼게 하는 스리피스 슈트three-piece suit는 남성복의 트렌드가 캐주얼하게 변하면서 점차 사라져가고 있다. 조끼가 포함되면서 생기는 가격 부담도 무시할 수 없는 이유가 되었을 것이다. 하지만 조끼를 한 겹 더 입음으로써 착용감이 좋아지고, 체형을 날씬하고 보기 좋게 만들어주는 등 많은 장점을 가지고 있기 때문에 눈여겨보아야 할 슈트다.

스리피스 슈트는 1860년대 영국에서 탄생했다. 당시에는 가볍게 입는 옷으로 간주됐던 스리피스 슈트는 이후 격식을 차린 의상으로 격상되었고, 지금은 가장 격식을 갖춘 슈트로 인식되고 있다. 따라서 단점은 자칫하면 너무 중후해 보일 수 있다는 것이다. 스리피스의 생명인 조끼는 재킷 안의 셔츠를 정리해 실루엣을 보다 깔끔하게 만드는 동시에 좀 더 클래식해 보이는 옷차림을 연출할 수 있게 한다. 이때 신경 써야 할 것은 조끼의 길이다. 이상적인 길이는 바지 벨트가 살짝 가릴 정도인데 최근 슈트 팬츠의 밑위길

*Gentleman
Image Tuning*

이가 너무 짧아지다 보니 벨트가 보이거나 아니면 조끼 길이가 너무 길어 이상해 보인다. 재킷을 벗고 조끼를 입었을 때 바지의 밑위길이와 함께 조화를 이루어야 조끼가 지닌 클래식한 멋을 살릴 수 있다. 따라서 조끼와 함께 스리피스 슈트를 착용할 때는 슈트 역시 그에 맞는 클래식한 디자인을 선택하는 것이 중요하다. 맨 아래 단추는 채우지 말고, 뒤판에 버클 buckle 이 있다면 몸에 딱 맞도록 조여 입는 것이 정석이다.

+α 투 버튼(two button), 스리 버튼(three button)

최근의 투 버튼 슈트는 예전과 달리 브이존이 깊게 파여 있고 재킷 길이도 짧은 것이 특징이다. 샤프한 인상을 주고 날씬해 보이며 위 단추만 채워야 허리 라인이 드러나 보인다. 스리 버튼 역시 90년대에 유행했던, 브이존이 짧아 얼굴과 머리가 커 보이는 단점을 보완한 스타일이 다시 등장하고 있다. 가운데 단추 위에서부터 브이존이 시작되어서 투 버튼 재킷과 비교해도 브이존의 깊이 차이가 나지 않는다. 가운데 단추만 채우는 것이 정석이다.

Three-piece Suit

재킷의 단추는 채우는 것이 정답이지만, 스리피스 슈트에 한해 단추를 풀고 있어도 괜찮다. 특히 조끼의 브이존이 깊을 때는 재킷의 단추를 풀고 확실하게 조끼를 보여주는 것이 스리피스의 장점을 잘 드러낼 수 있는 방법이다. 스리피스는 포멀한 슈트이기 때문에 격식을 지켜야 하는 자리에서도 언제나 빛을 발한다.

Three-piece Suit

투 버튼 재킷을 입었을 때 조끼의 두 번째 단추가 살짝 보이는 것이 일반적인 착장법이다. 조끼는 맨 위 단추부터 확실하게 잠그고, 맨 아래 단추는 푼다. 뒤쪽에는 백 벨트(back belt)가 붙어 있는데 꽉 조여서 몸에 딱 맞게 입는다.

Suit 7 Body Type Suit

왜소한 타입

귀엽고 어린 이미지로 보이기 쉬운 것이 왜소한 타입이다. 흔히 마른 타입이 그런 것처럼 몸을 크게 보이려고 큼직한 사이즈의 슈트를 선택하기 쉬운데, 헐렁하게 입은 슈트가 얻어 입은 옷처럼 보이면 더 유치하게 보일 수 있으니 주의해야 한다. 이 타입의 남자는 다리가 짧아 보이기 쉽기 때문에 다리가 길어 보이도록 연출하는 데 신경을 쓰자. 재킷 길이를 짧게 입으면 팬츠가 더 많이 노출되어서 당연히 다리가 길어 보인다. 어두운색으로 온몸을 감싸지 말고 될 수 있으면 밝고 경쾌하게 입는다. 슈트는 격자무늬 등 확장하는 패턴을 선택하면 몸 전체가 크게 보이는 시각적 효과가 있다.

싱글 브레스티드의 스리 버튼이 이상적이지만 가장 중요한 것은 사이즈이다. 재킷 길이와 바지 길이는 반드시 몸에 딱 맞는 사이즈를 선택한다. 좁고 타이트한 슬림 피트 slim fit 슈트가 오히려 체형을 다부지게 보여준다. 그렇다고 해서 너무 딱 달라붙는 슈트

Gentleman Image Tuning

를 입으면 더 왜소해 보이니 주의한다. 몸을 크게 보이려고 일부러 큰 사이즈를 선택하거나 원단 여분 등으로 헐렁하게 주름지는 부분은 없는지 체크하자. 블랙이나 네이비 같은 선명한 색보다 그레이 정도의 부드러운 색으로 부피감을 준다. 그중에서도 톤이 흐린 라이트 그레이라면 더 확장되어 보인다. 가능한 한 고급 소재를 입으면 초라한 인상을 피할 수 있다. 브라운 색의 소품은 부드러운 이미지라서 품격이 돋보이고, 블랙 소품을 사용하면 깔끔한 인상을 주어 의욕적으로 보인다.

+α 싱글 브레스티드(single breasted), 더블 브레스티드(double breasted)

싱글 브레스티드란 슈트 재킷의 앞여밈이 싱글, 즉 한 줄로 된 것을 말한다. 단추 개수에 따라 원 버튼, 투 버튼, 스리 버튼으로 나뉜다. 더블 브레스티드란 슈트 재킷의 앞여밈을 깊게 하고 두 줄의 단추를 단 슈트를 말한다. 한 줄은 장식용 단추인 경우가 많다. 날씬해 보이고 싶다면 싱글 브레스티드 슈트를, 건장해 보이고 싶다면 더블 브레스티드 슈트를 입으면 된다.

Check Suit

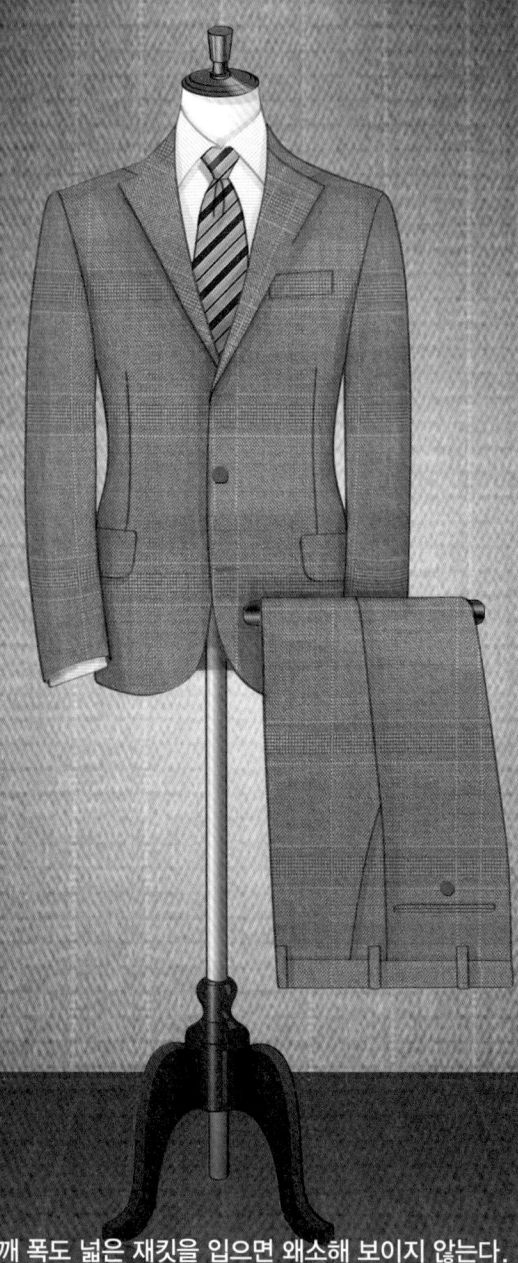

라펠이 넓고 어깨 폭도 넓은 재킷을 입으면 왜소해 보이지 않는다. 또 반드시 허리 부분이 잘 맞아야 한다. 너무 헐렁하면 더 초라해 보일 수 있다. 격자무늬나 체크무늬, 어깨심과 주머니 플랩 등이 있는 것을 선택하면 몸을 가로로 더 넓어 보이도록 연출할 수 있다.

Gray Suit

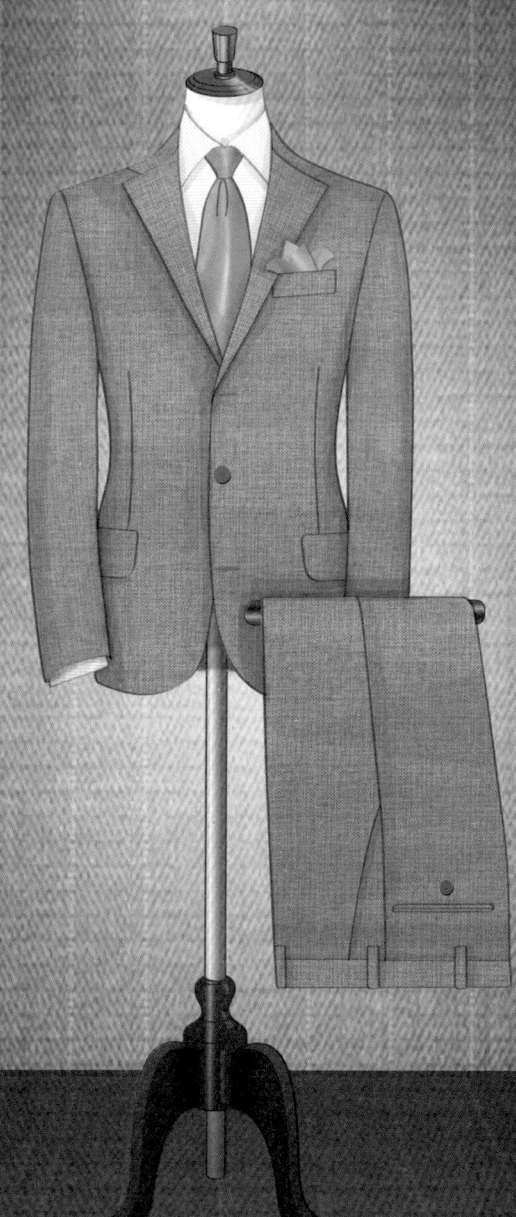

브이존을 얕은 듯하게 연출하는 것이 정답이다. 시선이 위로 가기 때문에 키가 커 보이는 효과가 있다. 샤프한 브이존, 작은 듯한 브이존이 이상적이다. 또 네이비나 블랙 같은 진한 컬러보다 그레이 등의 부드러운 컬러로 부피감을 더한다. 그레이가 갖는 부드러운 색 조합은 왜소한 체형을 커 보이게 하는 착시 효과를 가져다준다.

Suit 7 Body Type Suit

마른 타입

이 체형은 전체적으로 부피감이 부족하다. 가슴이 얇기 때문에 슈트를 입어도 몸에 대충 얹어 놓은 듯한 엉성한 느낌이 들어서 고민일 것이다. 마른 체형을 숨기려고 박스형의 슈트를 선택하면 가슴 부분이 헐렁하거나 어깨가 흘러내려서 칠칠맞지 못하게 보인다. 가냘픈 몸매를 역이용해서 딱 붙는 실루엣의 슈트를 선택하자. 몸의 라인을 드러내는 쪽이 오히려 더 훤칠해 보인다.

마른 체형인 사람은 가슴 주위에 두께와 부피감을 연출하는 것이 중요하다. 조끼를 겹쳐 입으면 상반신이 훨씬 보완되어 다부진 인상을 준다. 조끼 단추를 일부러 열어두는 것도 부피감을 만드는 방법일 수 있다. 브이존은 체크무늬 셔츠를 추천한다. 여러 개를 겹쳐 입어 부피감을 만들고 체크무늬를 적극적으로 활용해 확장되어 보이도록 한다. 인상적인 브이존을 연출해서 시선을 위로 끌어올리면 마른 몸이 두드러지지 않는 효과가 있다.

Gentleman Image Tuning

더블 브레스티드 재킷은 버튼의 간격과 겹친 옷깃이 부피감을 주어 호리호리한 상체를 보완한다. 코듀로이corduroy나 패딩padding은 소재 자체가 두껍고 부피감이 있기 때문에 마른 체형을 감추는 데 큰 도움이 된다. 빳빳하거나 광택 있는 소재도 추천한다. 구두, 가방, 벨트는 확장 효과를 기대할 수 있는 브라운 소품으로 갖추는 것이 포인트이다. 액세서리를 활용해 몸에 부피감을 주는 것도 좋다. 타이 핀 등도 시선을 위쪽으로 집중시키기 때문에 효과적이다.

+α 턴업(turnup), 커프스(cuffs)

밑단을 한 번 접어 올리는 턴업은 바지 아래쪽에 무게를 더하기 때문에 자연스럽게 처지면서 시선을 아래쪽으로 끌어모으니 키가 작은 편이라면 피하는 것이 좋다. 또 접혀진 만큼 다리가 짧고 나이 들어 보이기도 한다. 보통 커프스의 너비는 4~5cm 정도가 적절하다. 커프스가 없는 포멀 팬츠보다 약간 짧게 입어야 바지 앞 주름이 곧게 펴지면서 선이 깨끗하게 살아난다.

Three-piece Suit

조끼를 입어 빈약한 가슴 부분에 부피감을 준다. 조끼를 겹쳐 입으면 스리피스 같은 관록도 더해져 믿음직스러워 보인다. 허리 아래에 주름이 들어간 바지를 선택하면 넉넉하고 풍성한 실루엣을 연출하여 마른 체형을 커버하는 데 도움이 된다. 바지 밑단을 더블 커프스(double cuffs)로 하고 바지 앞 주름을 살려주면 마른 다리도 다부지게 보일 수 있다.

Double Breasted Suit

몸에 확장 효과를 주는 깅엄 체크, 타탄체크, 블록체크 등을 적극 활용한다. 이때 셔츠가 화려한 만큼 타이는 슈트와 같은 색 계열로 맞추는 것이 정돈되어 보인다. 또 더블 브레스티드 재킷을 입어 마른 상체에 부피감을 더한다. 버튼의 위치와 한 겹 겹쳐진 앞자락이 마른 체형을 보완할 수 있다.

Suit 7 Body Type Suit

다부진 타입

스포츠맨 등에게 많은 체형으로 두꺼운 가슴과 넓게 확장된 어깨 폭이 특징이다. 티셔츠를 입기에는 최상인 체형이지만 슈트를 입으면 팔이나 어깨, 가슴 주위가 너무 꽉 끼기 때문에 움직이기 힘들고 보기에도 답답하다.

날씬해 보이려면 세로 라인을 강조하는 스트라이프 슈트를 선택하자. 재킷은 투 버튼이 좋은데 라펠 사이의 깊게 파인 브이존이 상체를 길고 날씬해 보이도록 만든다. 기성 재킷이라면 꽉 껴서 뚱뚱해 보일 수 있으므로 한 사이즈 위를 고르는 것이 방법이다. 재킷은 편안하면서도 몸에 잘 맞아야 한다. 네이비, 다크 그레이, 다크 브라운 같은 짙은 색을 선택하면 근육으로 둘러싸여 뚱뚱해 보이기 쉬운 상체가 축소되어 보인다. 원단은 가급적 부드러운 것을 선택하자. 두꺼운 천은 다부진 체형을 뚱뚱하고 무겁게 보이도록 만들기 때문에 피하는 것이 좋다.

Gentleman Image Tuning

부피감이 느껴지는 아이템은 피한다. 넥타이 컬러를 레드나 오렌지 등 슈트 반대색으로 선택해 브이존에 강한 인상을 주는 것이 중요하다. 슈트와 반대되는 붉은색 계열의 타이는 눈에 띄기 때문에 브이존으로 시선을 집중시켜 나머지는 잘 보이지 않게 만든다. 너무 화려하지 않도록 셔츠는 슈트와 동색 계열로 차분하게 연출한다. 다부지고 건장한 체형이니 늠름한 이미지가 강조되고 축소 효과도 있는 블랙 컬러 소품을 사용하는 것이 세련되어 보인다.

+α 크리스(crease)

다림질로 만든 바지 중심의 접히는 선을 말한다. 이 라인이 세로로 깔끔하게 잡혀 있지 않으면 스타일도 살지 않는다. 남자의 바지 주름은 언제 어디서나 칼같이 세워져 있어야 한다. 날마다 다려서 입기는 어렵지만 바지를 벗은 후 바지 앞주름을 따라 접은 다음 바지 전용 옷걸이에 바짓단이 위쪽으로 가도록 클립에 꽂아 걸어두면 허리 부분의 무게로 깔끔한 앞 주름을 유지할 수 있다.

Pin Stripe Suit

짙고 어두운색의 슈트로 역삼각형 실루엣을 강조한다. 어깨에 패드가 약간 들어간 재킷을 선택하면 딱 벌어진 어깨와 날씬한 허리를 연출할 수 있으며, 옷이 꽉 끼어 보이지도 않는다. 원단은 가급적 부드러운 것을 선택하자. 두꺼운 천은 다부진 체격을 더 무겁게 보이도록 만들기 때문에 피하는 것이 좋다.

Dark Brown Suit

슈트와 반대색인 강렬한 타이를 선택해서 시선을 브이존에 집중시킨다. 체형보다 인상적인 브이존이 상대방에게 감각으로 전달될 수 있다. 또 투 버튼 재킷은 원 버튼 재킷과 비슷할 정도로 날씬해 보이는 효과가 있다. 라펠 사이의 깊게 파인 V자가 두께가 있는 상반신을 길고 날씬하게 보이도록 만든다.

Suit 7 Body Type Suit

뚱뚱한 타입

여유가 있는 만큼 날씬한 이미지로 코디하기 어려운 것이 고민인 체형이다. 몸에 딱 맞는 슈트를 입고 날씬해 보이도록 연출했는데 더 뚱뚱해 보이곤 한다. 자신의 몸을 숨기려고 헐렁한 슈트를 선택하는 것도 역효과이다. 더블 브레스티드 슈트는 풍채 좋은 사람에게 확실히 잘 어울리지만, 커다란 몸이 더 크게 보일 수 있다.

해결하고 싶다면 세로 라인을 강조해 시각적으로 날씬하게 보이는 핀 스트라이프 슈트를 적극 활용하자. 특히 스트라이프 폭이 좁고, 색이 강한 것은 세로 라인을 강조하기 때문에 더 효과적이다. 브이존이 높은 위치에 오기 때문에 시선을 배 주위에서 위쪽으로 끌어올릴 수 있다. 슈트 컬러는 역시 블랙이나 네이비 같은 어두운색으로 축소되어 보이도록 정한다. 재킷 길이가 너무 짧으면 두꺼운 허리와 배를 강조해 얻어 입은 옷 같은 느낌을 준다. 반대로 너무 긴 길이의 재킷은 다리가 짧아 보이니 딱 적당한 길이의 재킷을 선택한다. 인상적인 넥타이로 브이존을 강조하면, 시

Gentleman Image Tuning

선이 위로 오기 때문에 풍뚱한 배 주변이나 하반신을 감출 수 있다. 화려한 넥타이로 전체 스타일에 악센트를 주도록 하자. 강한 색이면 더욱 좋다. 바지는 허리 주름이 없는 노 턱 no tuck 쪽이 날씬하게 보인다. 개성을 살리는 블랙 소품을 더하면 보다 효과적이다. 검정이 악센트를 주고 강약이 있는 슈트 스타일 연출에 도움이 될 것이다.

+α 턱(tuck), 플리츠(pleats)

바지 허리 밴드 아래에 주름을 잡은 것으로 허리 주위에 여유를 주기 위해 고안된 기능적인 디테일을 '턱' 또는 '플리츠'라고 말한다. 하나도 없는 것을 노 턱, 주름이 1개면 원 턱, 주름이 2개면 투 턱이다. 최근에는 허리선이 재킷에 맞춰 팬츠의 폭도 점점 좁아지기 때문에 노 턱 팬츠가 주류가 되고 있다. 노 턱은 몸에 딱 맞는 실루엣을 만들어 날씬해 보이는 효과가 크다.

Pin Stripe Suit

세로 실루엣(silhouette)으로 스타일리시하게 연출한다. 특히 핀 스트라이프는 날씬해 보이기 때문에 슈트를 멋지게 소화할 수 있다. 이때 위로 뾰족하게 올라간 피크트 라펠을 선택하면 더욱 날씬해 보인다.

Stripe Suit

선택하면 시선이 위로 집중되기 때문에 뚱뚱한 체형이 담한 느낌의 타이는 타인의 시선을 툭 튀어나온 배로부 기 때문에 꼭 필요한 아이템이다. 타이에 악센트를 주었 이 좋다. 깃이 큰 와이드 스프레드 칼라(wide spread

Chapter 2. *Jacket*

1. 테일러드 재킷
2. 네이비 블레이저
3. 코튼 재킷
4. 리넨 재킷
5. 사파리 재킷
6. 체크 재킷
7. 트위드 재킷

Jacket 1 Tailored Jacket

테일러드 재킷

슈트 재킷 모양으로 만들어진 상의의 총칭이다. 슈트 상의에서 볼 수 있는 견고한 느낌의 상의를 말하지만, 최근에는 부드럽고 다양한 디자인이 나오고 있기 때문에 슈트 상의를 원형으로 한 상의를 통틀어 지칭하기도 한다. 어떤 차림이라도 슬쩍 걸치기만 하면 갖춰 입은 느낌을 주기 때문에 갑자기 잡힌 미팅에도 유연하게 대처할 수 있다. 어깨 패드 shoulder pad나 심지를 넣은 쌓아 올린 구조의 테일러드 재킷 tailored jacket은 포멀, 비즈니스, 캐주얼 등 상황에 맞게 응용이 가능하기 때문에 가장 먼저 갖춰야 할 아이템이다. 진한 색의 테일러드 재킷을 선택하면 오페라 감상 등 격식을 차리는 장소에도 어울린다. 또 청바지 같은 캐주얼 스타일에도 세련되게 응용할 수 있다.

분명히 캐주얼한 자리에도 활용이 가능한 재킷이지만, 그래도 슈트 재킷을 원형으로 한 것이니만큼 반드시 재킷의 양 소맷부리와 깃 뒷부분, 이 세 군데에서 1.5cm 정도 셔츠가 보이는 것을 선택한다. 또 정면에서 봤을 때 팔을 자연스럽게 내리면 양 옆구리에 2~3cm 정도 공간이 생기는 것을 입어야 허리가 들어가 보여서 날씬한 실루엣으로 완성된다. 어깨 폭은 실제 어깨보다 약간 좁은 듯한 것으로 골라야 몸에 딱 맞는 피트감이 살아 단정하고 믿음직스러운 인상을 남기게 된다. 또 재킷은 디테일의 차이에서 전체 스타일이 좌우되니 멋쟁이가 되려면 재킷에 좀 더 신경을 써 보자.

+α 숄더(shoulder) - 1

재킷의 실루엣을 결정짓는 중요한 포인트는 어깨이다. 패드의 유무는 물론, 봉제 방법에 따라 그 차이가 명확하게 나타난다. 내추럴 숄더 natural shoulder 는 패드가 들어가 있지 않거나 얇게 들어가 자연스럽게 흐르는 어깨 라인을 보이며 편안한 것이 특징이다. 패드 숄더 padded shoulder 는 영국 전통 슈트 스타일에서 볼 수 있는 스타일로 어깨 라인을 보다 입체적으로 표현하므로 어깨가 좁은 사람에게 특히 추천한다.

① 브레스트 포켓(breast pocket) : 포켓 스퀘어를 꽂는 자리다. 나폴리 슈트는 가슴 포켓을 직선으로 처리하지 않고 곡선으로 디자인한다.
② 프런트 커트(front cut) : 앞판 밑단의 커팅을 가리킨다. 둥근 타입에서 스퀘어인 것까지 다양하다.
③ 프런트 다트(front dart) : 앞판의 가슴 부분부터 포켓에 걸쳐 수직 방향으로 들어가 있는 재봉선을 말한다. 허리를 조여준다.

① 고지 라인(gorge line) : 슈트의 깃은 '칼라(collar)'라고 부르는 위쪽 깃과 '라펠(lapel)'이라고 부르는 아래쪽 깃 2개로 구성되며, 이것들을 이은 봉제선을 '고지 라인'이라고 한다. 고지 라인의 고저에 따라 이미지가 바뀌는데 최근에는 약간 높은 듯한 것이 많다.

② 노치(notch) : 라펠 윗부분의 V자 형태를 말한다. 노치트 라펠과 피크트 라펠 등으로 구분된다.

③ 버튼홀(buttonhole) : 라펠의 단춧구멍. 버튼 기능 대신 꽃을 꽂거나 장식적인 요소로 활용한다. '플라워 홀(flower hole)'이라고도 한다.

① 백 심(back seam) : 뒤판에 들어간 직선의 봉제선을 가리킨다. 타이트한 뒷모습을 만들기 위해 손끝으로 집어 바느질하기도 한다.
② 벤트(vent) : 밑단의 절개를 말한다. 운동성을 확보하는 것이 주 기능으로 뒷모습의 이미지를 담당한다.
③ 커프(cuff) : 재킷의 소맷부리를 말한다. 버튼의 개수나 다는 방식, 소재 등으로 개성을 나타낼 수 있는 부분이다.

 그녀의 취향

오빠에게 격조와 품격을 가져다주는 테일러드 재킷이지만, 너무 클래식하게 연출하면 단조롭고 딱딱한 인상을 줄 수도 있어. 요즘은 완벽하게 공식대로 차려 입은 듯한 느낌보다는 어딘가 빈틈이 보이는 느슨한 모습이 한결 여유롭게 보이지. 이런 사람은 남녀를 막론하고 곁에 있고 싶어지잖아?

테일러드 재킷을 입고 오빠의 여유로움을 보여줄 수 있는 방법은 세 가지가 있어. 가장 쉬운 방법은 소매를 걷거나 롤업하는 거야. 소매 끝의 단추를 열 수 있는 리얼 버튼홀이라면 훨씬 자연스럽게 걷어 올릴 수 있을 거야. 다음은 깃 세우기. 요즘 많이 눈에 띄는 디자인이기도 한데 세울 때를 의식해서 칼라 크로스에 색이나 무늬 등이 디자인되어 있는 것이 있다면 더 좋겠지. 마지막으로 재킷 단추를 변칙적으로 채우는 거야. 제일 위나 아래의 단추만을 채워 러프하고 스포티한 느낌을 연출하면 딱딱한 실루엣의 테일러드 재킷을 입어도 한결 여유 있어 보여.

Jacket 2 Navy Blazer

네이비 블레이저

블레이저^{blazer}라는 명칭의 유래는 두 가지가 있다. 하나는 1837년 영국 해군 군함 블레이저 호에 빅토리아 여왕이 열병(閱兵)했을 때, 함장이 승무원 전원에게 네이비블루에 놋쇠로 만든 더블 금속 단추를 단 재킷을 입게 한 것에서 시작되었다는 설이다. 또 하나는 1877년쯤 캠브리지 대학과 옥스퍼드 대학의 보트 레이스 대항전 때 캠브리지 대학 보트부가 입고 있던 붉은색 유니폼이 불꽃같다고 하여 불리게 되었다는 설이다. 뭐가 시초이든 남자의 옷장에서 가장 사랑받아야 하는 아이템 중 하나라는 것만은 확실하다.

특히 아메리칸 트래디셔널을 상징하는 네이비 블레이저^{navy blazer}는 비즈니스 캐주얼의 가장 기본이 되는 아이템이다. 정통 슈트 재킷보다는 캐주얼하지만 결코 품위가 떨어지지 않기 때문이다. 블레이저는 다양한 색상으로 나오지만 네이비 색상이 가장 전통적이다. 특히 네이비는 우리나라 남자들의 피부 톤에도 잘 어울릴 뿐 아니라 어떤 컬러나 어떤 소재의 팬츠와도 잘 어울리기 때문

Gentleman Image Tuning

에 격식을 차려야 하는 상황부터 여유로운 휴양지까지 어느 상황에서라도 다양한 연출이 가능하다는 큰 장점이 있다. 따라서 슈트 다음으로 장만해야 하는 첫 번째 아이템은 다름 아닌 '네이비 블레이저'이다. 조금 더 멋스럽게 네이비 블레이저에 도전한다면 그레이 팬츠 gray pants 나 청바지보다 화이트 코튼 팬츠 white cotton pants 와 매치해 보자. 신발은 반드시 브라운으로 신는 것이 경쾌하고 세련되어 보인다.

+α 숄더(shoulder) - 2

로프트 숄더 roped shoulder 는 '빌드업 숄더 build-up shoulder'라고도 불리며 엄격한 격식과 복고적인 화려함을 느끼게 해주는 전통적인 디자인으로, 어깨 끝이 부풀어 오른 스타일을 지칭한다. 반듯하고 단정한 옷차림을 원한다면 선택한다. '마니카 카미치아 manica camicia'는 마치 셔츠 어깨처럼 자연스러운 주름을 넣은 어깨 모양을 말한다. 패드나 심지 등을 거의 사용하지 않아 입었을 때 가볍고, 움직임이 편한 전형적인 이탈리아 슈트 스타일의 어깨이다.

Navy Blazer

❶ 암홀(armhole) : 블레이저를 고를 때는 어깨선이 딱 맞고, 팔을 움직일 때 불편하지 않도록 암홀 부분에 적당히 여유가 있는 것을 선택한다.

❷ 소매 길이 : 팔을 내렸을 때 소매 길이가 손등을 덮을 정도로 길거나 손목이 훤히 보일 정도로 짧지 않고, 이너로 매치한 셔츠나 니트가 살짝 보일 정도라면 이상적이다.

❸ 버튼(button) : 오랫동안 입어 싫증난 네이비 블레이저가 있다면 단추를 바꿔보자. 단추의 색깔만 달라져도 새 옷처럼 보일 것이다.

 그녀의 취향

네이비 블레이저는 계절에 따라 소재를 달리하면 좋은데 내가 오빠에게 추천하고 싶은 것은 봄여름용 울 재킷 하나랑, 가을 겨울에 입을 수 있는 울 재킷이야. 울은 겨울 소재라고 생각할지도 모르지만 절대 그렇지 않아. 울의 특징은 여름에는 시원하고 겨울에는 따뜻하면서, 주름이 잘 생기지 않고, 가볍고 내구성이 강해 오랫동안 입을 수 있다는 거야. 그런 울 소재의 네이비 블레이저라면 오랜 시간 꾸준히 입을 수 있으니 여유가 된다면 살짝 비싸다는 생각이 들더라도 품질이 좋은 브랜드 제품을 구입하길 바라. 적어도 5년 이상, 어느 자리든 구애받지 않고 입을 수 있으니 결과적으로는 돈을 아끼는 방법이 될 거야. 네이비 블레이저는 학생들 교복부터 회사 유니폼으로까지 자주 사용되는 아이템이다 보니 좋은 품질이 느껴지지 않으면, 만학도인 늙은 학생이 교복을 입고 있거나 스포츠 경기의 심판처럼 보일 수도 있어. 난 오빠가 누군가에게 이렇게 보이는 건 용납할 수 없어. 그러니까 질 좋은 하나로 승부하자. 이런 내 맘 알겠지?

Styling A

네이비 블레이저에 흰색 버튼다운 셔츠, 그레이 팬츠는 실패할 걱정이 없는 안전한 스타일이다. 부드럽고 편안한 분위기를 연출할 때 이만한 조합도 없다. 깔끔한 포켓치프와 브라운 계열의 슈즈를 더하면 포멀하게 입을 수 있다.

Styling B

네이비 재킷은 비슷한 색상의 네이비만 제외한다면 어떤 컬러의 셔츠나 어떤 종류의 바지에 매치해도 어색하지 않게 잘 어울린다. 반바지와 티셔츠 차림에도 네이비 블레이저를 걸치면 단정하고 어른스러운 캐주얼 룩이 완성된다.

Jacket 3 Cotton Jacket

코튼 재킷

남자의 재킷은 입는 사람의 품격을 보여주는 아이템이다. 그 품격은 특히 더운 여름날에 확연히 드러난다. 그렇다고 셔츠가 흠뻑 젖도록 땀이 흐르는데 재킷을 입고 버티는 건 미련해 보일 뿐이다. 셔츠는 속옷으로 구분되기 때문에 재킷을 벗고 나가는 것은 곧 속옷 한 장만 입고 나가겠다는 의미로 해석된다. 즉 재킷은 실내가 아니면 벗지 않는 것이 예의다.

따라서 여름철에 남자가 우아하게 품위를 잃지 않는 유일한 방법은 여름에도 시원하게 입을 수 있는 면이나 가벼운 소재의 재킷을 입는 것이다. 색상은 베이지나 아이보리가 제격이다. 코튼은 소재의 특성상 땀을 흡수하고 수분을 증발시키면서 열을 함께 방출하기 때문에 여름 재킷으로 사용하기 좋다. 실제로도 코튼은 사계절용이지만 여름에 더 선호하는 경향이 있다. 소재의 특성상 워낙 잘 구겨지고 주름이 쉽게 남아 포멀한 옷에는 어울리지 않지만 최근에는 주름을 최소화한 제품이 많이 나와 있다. 보기에도 청량감

Gentleman Image Tuning

을 주고, 입었을 때 시원하고, 세탁도 편한 코튼 재킷은 자연스럽게 생기는 주름까지 멋으로 즐기면 된다. 자연스러운 우아함이 섹시함마저 가져다주기에 코튼 재킷은 바로 남자의 필수 아이템이다. 어깨 패드와 안감을 덧대지 않는 언컨 un-con 재킷을 고르면 더욱 가볍고 편안하게 입을 수 있다.

+α 언컨스트럭티드 재킷(unconstructed jacket)

'언컨스트럭티드 재킷' 이란 모양을 만든 것이 아닌, 비구조적인 재킷을 말한다. 엄밀하게는 구조적이지만 옷에 패드나 심지, 안감 등을 없앤 한결 가벼운 재킷을 가리킨다. 가볍고 시원할 뿐만 아니라 얇아서 겨울에 겹쳐 입기에도 편리한 재킷이다. 언컨스트럭션(un-construction)을 줄여 '언컨 재킷' 이라고도 한다.

Cotton Jacket

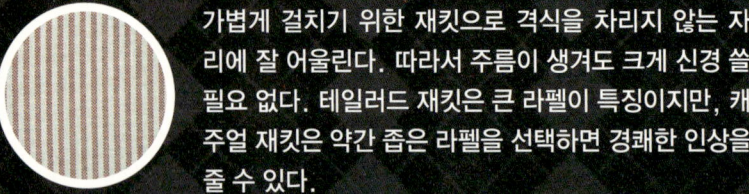

가볍게 걸치기 위한 재킷으로 격식을 차리지 않는 자리에 잘 어울린다. 따라서 주름이 생겨도 크게 신경 쓸 필요 없다. 테일러드 재킷은 큰 라펠이 특징이지만, 캐주얼 재킷은 약간 좁은 라펠을 선택하면 경쾌한 인상을 줄 수 있다.

 그녀의 취향

지구온난화 등의 이유를 들지 않아도 몇 년 새 찾아온 여름은 더워도 너무 더운 게 사실이야. 아무리 더위를 타지 않는다고 해도 섭씨 30℃에 육박하는 더위에는 장사가 없는 법! 여름철 옷 입기가 괴로운 건 시원해야 하기 때문이지. 오빠도 잘 알다시피 셔츠는 속옷과 같기 때문에 재킷을 벗는 것은 속옷 차림으로 밖에 나가겠다는 의미와 크게 다르지 않아서 재킷은 실내가 아니라면 벗지 않는 것이 예의야. 그렇다고 셔츠가 흠뻑 젖도록 땀이 흐르는데 예의를 지킨다고 재킷을 입고 버티는 건 그저 미련하게만 보일 뿐이라고. 그럼, 한여름에는 어떻게 하냐고? 가볍고 시원한 소재를 입으면 쾌적한 상태로 스타일을 연출할 수 있어. 여름에 적합한 소재는 자연스러운 주름이 멋스러운 코튼, 포멀한 멋이 그대로인 모헤어나 두께가 얇은 여름용 모직물인 서머 울, 시원한 소재감이 돋보이는 시어서커, 청량감이 가득한 리넨이야. 이런 소재들이라면 여름에도 재킷을 벗지 않아도 될 만큼 시원하니 오빠를 신사로 보이게 해줄 거야.

Jacket 4 Linen Jacket

리넨 재킷

일명 '마 재킷'이라고 부르는 리넨 재킷은 아마(亞麻) 실로 짠 얇은 직물로 만든 재킷을 가리킨다. 수분 흡수가 뛰어나고 땀의 증발을 촉진하는 특성이 있어, 특히 여름에 남자를 가장 우아하게 만들어주는 재킷이다. 자연스러운 주름에서 여유로운 분위기를 느낄 수 있는 매력의 리넨은 편안하고 멋스럽다. 세련되고 고급스러운 소재의 특성상 타이를 매지 않아도 클래식한 분위기를 낼 수 있다. 이처럼 중후한 멋을 끌어내는 재킷이기 때문에 젊은 남자보다는 세월을 옷으로 표현할 수 있는 남자에게 더 잘 어울린다.

씨실과 날실의 방향이 그대로 들여다보이는 리넨 소재의 가장 큰 장점은 통기성이다. 그리고 자연스러운 주름 자체가 멋이기 때문에 걸치기만 해도 간편하게 스타일이 완성된다. 예전에는 주름이 너무 두드러져 보여 비즈니스 웨어로 잘 입지 않던 리넨 재킷이 이젠 멋쟁이들의 필수 아이템이 되었다. 리넨 재킷을 스타일링을 할 때는 주름을 함께 입는다는 느낌으로 연출하는 것이 좋다.

Gentleman Image Tuning

재킷을 입었을 때 주름이 생기기 쉬운 곳에는 분무기로 물을 뿌린 후 옷자락이나 소매 끝을 잡아당기자. 주름이 훨씬 자연스럽고 우아하게 잡힌다. 리넨의 주름은 부드러워질수록 품위 있게 변한다. 굵고 깊은 주름이 잡힌다면 아직 재킷이 유연해지지 않았다는 신호이다. 아름다운 주름과 끈적거리지 않는 감촉, 시각적으로 가벼운 질감인 리넨 재킷은 한층 성숙한 남자의 여유를 느끼게 해줄 것이다.

+α 벤트(vent)

벤트는 뒷모습의 이미지를 결정짓는 뒤트임을 말하며, 운동성을 확보한다. 뒤트임이 없는 노 벤트는 매끄럽고 날씬해 보일 뿐 아니라 엉덩이 라인도 깔끔해서 턱시도 등 포멀 재킷에 많이 사용된다. 트임이 하나 있는 싱글 벤트는 가장 무난하고 실용적인 스타일로 '센터 벤트'라고도 하며, 열쇠 고리 모양의 센터 벤트는 '후크 벤트'라고도 한다. 트임이 양쪽에 2개 있는 더블 벤트는 영국 스타일의 재킷에 많이 이용되며, '사이드 벤트'라고도 부른다.

Beige Linen Jacket

면과 마가 섞인 리넨은 우아함과 고급스러움이 감도는 소재의 특성상 타이를 하지 않아도 클래식한 분위기를 낼 수 있다. 자연스러운 주름과 여유로운 분위기를 풍기는 리넨 재킷은 멋스럽고 편안한 중년 남자의 필수품이다.

Brown Linen Jacket

리넨 재킷을 입고 어른스러운 중후함을 연출하고 싶을 때는 리넨 셔츠와 함께 입어 보자. 리넨 셔츠의 가장 큰 장점인 통기성에 자연스러운 주름이 더해져서 젊은 남자에게서 찾을 수 없는 어른스러운 섹시함이 연출된다.

Blue Linen Jacket

리넨의 시원한 컬러는 보는 사람뿐 아니라 입는 사람에게도 청량감을 느끼게 한다. 단, 주름이 지는 소재이기 때문에 포멀한 느낌보다는 캐주얼한 느낌으로 연출하는 것이 자연스럽다.

 그녀의 취향

오빠, 가장 이상적인 여름철 스타일의 조건이 뭔지 알아? 입은 사람 스스로는 쾌적함을 느끼면서 보는 사람에게는 청량감을 주는 스타일이야. 이런 요건을 만족시키면서 누구나 편하고 가볍게 입을 수 있는 게 바로 시어서커 seersucker 소재야. 줄무늬가 오그라들어 마치 물결무늬처럼 보이기도 하는 시어서커는 스트라이프의 청결한 이미지도 매력적이지만, 진정한 매력은 실제로 입었을 때의 시원함이지. 또 매우 가벼운 소재여서 피부와 밀착되는 면적이 적기 때문에 땀을 흘려도 피부에 달라붙지 않고 땀을 흡수해도 곧바로 배출시키기 때문에 스타일에 경쾌함을 더해준다고. 미리 인공적으로 주름을 만들었기 때문에 주름이 잘 생기지 않을 뿐 아니라, 주름이 눈에 잘 띄지 않아 언제 어디서나 신경을 쓰지 않고 편하게 입을 수 있다는 장점도 가지고 있는, 뭐 하나 버릴 게 없는 원단이야. 매 여름마다 그저 그런 비슷비슷한 재킷에 지친 오빠가 꼭 한 번 눈길을 줘야 하는 재킷이 바로 시어서커 재킷이지.

Jacket 5 Safari Jacket

사파리 재킷

사파리 재킷은 원래 아프리카에서 사냥이나 탐험을 할 때 입는 간편하고 투박한 스타일의 포켓이 달린 재킷을 가리킨다. 테일러드 칼라에 엉덩이를 덮는 길이가 기본형이다. 야생 동물을 구경하거나 사냥하는 사파리에 나가는 것을 목적으로 고안된 재킷이기 때문에 주위 환경과 비슷하게 보여야 하는 보호 기능을 위해 대부분 카키색이나 모래색 같은 위장색으로 되어 있다.

사파리 재킷의 가장 큰 특징인 위장색의 역사를 살펴보자. 1800년대 청자색이었던 영국군 군복이 너무 쉽게 눈에 띄었기 때문에 인도에 배치된 영국군 장교가 염색하도록 명령했는데, 이때 카키색 군복이 탄생되었다. 이 군복 재킷에는 탄약 같은 군용 필수품을 넣기 위해 양쪽 가슴과 양쪽 배에 각각 하나씩 4개의 포켓을 달았다. 이 재킷은 야전 점퍼로 알려지게 되었고, 전투 지역을 순찰하거나 숲을 헤치고 갈 때 편리하도록 견장을 달고 벨트로 허리를 조일 수 있도록 개선되었다. 대중적으로 유행하기 시작한 것은 어

Gentleman Image Tuning

니스트 헤밍웨이가 자신의 트레이드마크로 이 재킷을 입으면서부터이다. 이후 사진가들 사이에서 선풍적인 인기를 끌었는데 많은 주머니에 필름과 렌즈 등을 보관하기 편리했기 때문이다. 지금은 밀리터리 룩으로 자리 잡은 사파리 재킷은 남자의 주말 혹은 여행 복장에 필수품이라 하겠다. 테일러드 재킷만큼 딱딱하지 않고, 블루종처럼 캐주얼하지도 않은 사파리 재킷은 여유로운 남자의 이미지를 연출할 때 최고의 아이템이다.

+α 포켓(pocket)

재킷의 포켓도 중요한 디테일 중 하나이다. '파이핑 포켓'은 주머니의 가장자리를 같은 소재 혹은 다른 소재로 라이닝 처리한 것으로 깔끔하고 단정한 느낌을 내기 좋다. '플랩 포켓'은 뚜껑이 달린 주머니를 말하며 보다 안정적이고 보수적인 인상을 준다. '체인지 포켓'은 오른쪽 주머니 위에 달린 주머니로 약간 기울어져 있는 것이 특징인데, 원래 잔돈이나 티켓을 넣는 용도였다. '패치 포켓'은 옷감을 붙여서 만든 주머니로 캐주얼한 디자인에 많이 사용한다.

Safari Jacket

남자의 재킷 중에서 당당하게 주머니에 물건을 넣을 수 있는 것은 사파리 재킷뿐이다. 최근의 사파리 재킷은 상당히 모던하고 스마트해졌지만 반드시 4개의 플랩 포켓이 달려 있는 것으로 입어야 손의 자유로움까지도 만끽할 수 있다. 여행할 때 작은 가방을 들지 않아도 여권이나 탑승권 등을 주머니에 넣을 수 있고, 호텔에 도착했을 때 캐주얼 차림이라고 해도 일단 재킷을 입고 있기 때문에 예의를 갖춘 옷차림이 된다.

 그녀의 취향

오빠, 내가 질문 하나 할게. 사파리 재킷의 가장 큰 특징이 뭐라고? 맞아. 플랩 포켓이야. 역사를 거슬러 올라가면 기본적으로 재킷의 주머니에는 플랩, 즉 뚜껑은 달지 않는 게 원칙이었어. 어떻게 해서 이 뚜껑이 생겨났는가 하면 사냥할 때 재킷을 입고 보통은 주머니에 엽총의 탄환을 넣어두잖아? 그런데 비가 많은 영국에서는 습기 때문에 탄환을 사용할 수 없게 된 거지. 그래서 이것을 방지하기 위해 주머니에 뚜껑을 단 것에서 시작되었다고 해. 원래 플랩 포켓은 실내에서는 주머니 안에 넣고, 실외에서는 바깥으로 빼는 것이 정식 매너야. 하지만 비즈니스에서는 이 정도까지 안 해도 무방해. 대신 오른쪽 플랩은 나와 있는데 왼쪽은 안으로 들어가 있다거나 그 반대 상황이 연출되지 않도록 꼭 주의해줘. 다시 말해 안으로 넣을 거면 양쪽 다 넣고, 뺄 거면 다 빼라고. 사실 플랩은 안으로 넣는 것이 우아하고 정돈되어 보이기는 해. 대신 플랩을 밖으로 빼면 캐주얼하고 개성 있어 보이니까 오빠 취향대로 선택하면 돼.

Jacket 6 Check Jacket

체크 재킷

비즈니스 슈트나 넥타이에 체크보다 스트라이프가 많이 사용되는 이유는 체크무늬가 스트라이프나 도트에 비해 훨씬 캐주얼하기 때문이다. 반대로 얘기하면 체크 재킷은 무지 재킷보다 훨씬 쉽게 캐주얼한 느낌을 연출할 수 있다는 말이다. 하지만 무턱대고 체크 재킷을 입겠다는 생각은 하지 말자. 체크는 무늬의 크기, 색의 조합, 소재의 느낌 등에 따라서 세련되게도 보이지만 그 반대로 촌스럽게도 보일 수 있는, 생각보다 스타일링하기 어려운 무늬이기 때문이다.

아저씨가 아니라 경쾌한 남자로 변신할 수 있는 체크 재킷 선택 요령은 다음과 같다. 우선 네이비, 그레이, 베이지 3색 중에서 기본 바탕색을 고른다. 네이비와 그레이를 기본 바탕색으로 했을 경우 무늬의 색은 회색, 흰색, 하늘색 그리고 갈색이 멋지다. 베이지를 바탕색으로 골랐다면 갈색, 하늘색, 분홍색이나 붉은색도 잘 어울린다. 이런 조합이라면 누구라도 스타일링하기 쉬워질 것

Gentleman
Image Tuning

이다. 바탕색과 체크무늬색의 대비가 약할수록 스타일링하기 쉽고, 반대로 바탕색과의 대비가 강한 체크일수록 어렵다. 무늬의 크기는 처음에는 작은 것부터 시작해서 체크 재킷 연출에 익숙해지면 점차 큰 것으로 개성을 연출해도 늦지 않다. 체크 재킷에 어울리는 팬츠는 재킷과 비슷한 계열의 색깔을 고르거나 톤 다운되어 무게감을 더할 수 있는 것을 선택하면 시선이 차분하게 정돈되어 스타일리시하게 보인다.

+α 버튼(button)

재킷의 단추를 잠그지 않고서는 격식을 갖춰 입었다는 인상을 줄 수 없다. 서 있을 때는 단추를 모두 채우지만 앉을 때는 단추를 모두 푸는 것이 철칙이다. 단추를 채울 때는 허리 위치에 있는 단추 하나만 채우면 된다. 원 버튼 재킷은 당연히 그 하나를 반드시 채우고, 투 버튼 재킷은 위 단추만, 스리 버튼 재킷은 가운데 단추 하나만 채운다. 단추를 채운 채 그대로 앉으면 단추 주위와 등판에 주름이 생기니 반드시 풀고 앉는다.

Beige Check Jacket

경쾌하면서도 클래식한 체크 재킷은 멋을 추구하는 남자에게 확실한 효과를 준다. 체크 재킷을 가장 세련되게 소화하는 방법은 톤 온 톤 코디네이션이다. 다른 컬러가 섞이더라도 톤 다운된 컬러를 골라야 실패할 확률이 줄어든다.

Navy Check Jacket

체크의 크기가 지나치게 큰 것을 입거나 상하의 모두 체크가 들어간 것을 입으면 밤무대 가수로 오인받기 좋다. 체크 재킷에 중후한 매력을 더하고 싶다면 페이즐리 패턴의 아이템을 선택해 보자. 타이 대신 스카프를 활용하면 너무 무겁지 않으면서 기품 있어 보인다.

Gray Check Jacket

체크 재킷을 스타일링하는 가장 안전하고 쉬운 방법은 무늬에 들어가 있는 색과 같은 색의 셔츠나 터틀넥을 입는 것이다. 마음에 드는 체크 재킷을 발견했는데 함께 매치할 색의 이너 웨어가 없다면 하나 사도록 하자. 이런 코디는 남자를 세련되고 감각 있어 보이게 만드니 결코 헛된 투자가 아니다.

 그녀의 취향

잘록하게 허리 라인을 살려주면서 비교적 하체가 짧은 동양인에게 다리가 길어 보이는 효과까지 제공하는 원 버튼 재킷은 젊은 애들만의 전유물은 아니야. 오빠 나이에 맞게 어느 정도 클래식한 분위기를 더할 수 있다면 얼마든지 멋스럽게 연출할 수 있어.

그래도 어색하다고? 그렇다면 원 버튼 재킷처럼 가벼워 보이지도 않고, 스리 버튼 재킷처럼 무겁지도 않은 투 버튼이 최선이야. 은은하게 풍기는 클래식한 분위기는 물론이고 숨기고 싶은 배까지 보완해주거든. 단추를 풀면 원 버튼 같은 경쾌한 매력도 발산할 수 있어. 이 투 버튼을 구입할 때 가장 주의해야 할 것은 재킷 길이야. 재킷이 엉덩이를 푹 가리는 길이라면 다리가 짧아 보일 뿐 아니라 뒷모습이 너무 나이 들어 보여. 그렇다고 엉덩이가 절반 이상 드러나면 엉덩이가 처지고 경박한 느낌이 들지. 엉덩이의 굴곡을 가릴 정도가 가장 좋아.

Jacket 7 Tweed Jacket

트위드 재킷

겨울은 다양한 원단을 선택하며 멋을 낼 수 있는 계절이다. 겨울 원단 중에서도 남자의 옷장에 반드시 있어야 할 것 중의 하나가 바로 트위드이다. 트위드 tweed 는 스코틀랜드와 잉글랜드 사이를 흐르는 트위드 강 근처에서 생산되는 트윌 twill 이란 직물에서 유래된 명칭이다. 대개 두 가지 색으로 짜는데 표면은 매끄럽지 않으나 만져 보면 매우 부드러운 것이 특징이다.

만드는 지역에 따라 여러 종류로 나뉘는데, 그중 기억해야 하는 것이 바로 '해리스 트위드'이다. 해리스 트위드는 스코틀랜드 북서부에 있는 해리스 & 루이스 섬에서 생산되는 트위드인데 다른 트위드 원단보다 뛰어난 색감과 다양한 패턴, 튼튼한 내구성 등의 이유로 가장 인기 있는 겨울 원단이 되었다. 반드시 따뜻하고 가벼운 해리스 트위드가 아니더라도 트위드 소재는 흔한 울 소재보다 갖춰 입었다는 인상을 주기 때문에 클래식하면서 안정되어 보인다. 두툼한 원단이 언뜻 보기엔 딱딱하고 무거운 느낌이 들지만

Gentleman Image Tuning

막상 입어 보면 놀라울 정도로 가볍다. 이렇게 장점이 많다 보니 재킷, 베스트, 팬츠, 코트, 가방 등 모든 아이템에 광범위하게 사용되는데 이 중 제일 먼저 갖춰두면 좋은 것이 바로 트위드 재킷이다. 트위드 재킷은 어떤 옷에나 가볍게 매치할 수 있고, 소재의 특성상 신축성이 좋아 활동하기 편하며, 시간이 지날수록 체형대로 원단이 변화하기 때문에 플란넬 재킷이나 코튼 재킷보다 유연한, 장점 가득한 아이템이다.

+α 리얼 버튼홀(real buttonhole)

재킷의 품질은 소매 끝의 버튼홀에서 결정된다. 고급 재킷은 손을 씻을 때 걷을 수 있도록 실제로 소매의 단추를 열 수 있게 만든다. 그러나 기성복이 주류를 이루면서 리얼 버튼홀은 실제로 열고 닫는 게 아니라 스티치로 무늬만 있는 것이 많다. 가끔 비싼 슈트를 입었다는 것을 과시하기 위해 아래 버튼을 채우지 않고 있는 경우도 있는데, 리얼 버튼홀은 단춧구멍을 섬세하게 손으로 제작했을 경우에만 제멋이 난다.

Tweed Jacket

트위드 재킷은 소재의 특성상 마모에 약하다. 따라서 팔꿈치처럼 마모가 심한 부분에 가죽으로 덧댄 엘보 패치(elbow patch)를 달면 내구성이 높아지고, 어린 시절의 향수를 자극하여 따뜻한 기분을 더해준다. 10년은 입어낼 수 있는 소재이기 때문에 베이식한 디자인을 고르자. 길이가 짧거나 라펠 폭이 좁은 것 등 유행에 민감한 디자인을 선택하면 촌스럽게 느껴져서 10년을 입기는 어렵다

 그녀의 취향

오빠, 트위드 재킷은 슈트 재킷에 비해 좀 더 캐주얼한 스타일을 즐길 수 있는 대표적인 겨울 재킷이야. 난 이 트위드 재킷만 보면 오빠가 생각나더라. 겉으로 볼 땐 까칠하고 무뚝뚝하기 그지없지만 겪을수록 따뜻하고 부드러운 게 오빠와 꼭 닮았잖아. 뿐만 아니라 트위드의 진짜 매력은 투박하리만큼 거친 질감과 독특한 패턴에서 느껴지는, 따뜻하고 빈티지한 분위기야. 분명 캐시미어처럼 부드럽고 고급스러운 느낌은 없지만, 해를 거듭할수록 자연스러움이 더해져 자꾸 손이 가게 될 거야. 차가운 바람이 불어오면 오빠가 입었으면 하는 트위드 재킷은 해리스 트위드로 만든 회색 헤링본 무늬 재킷이야. 나만 알고 있는 오빠의 은근한 매력을 더욱 부각시킬 무늬는 다름 아닌 헤링본이거든. 청어의 등뼈라는 의미인데, 정식명은 헤링본 트윌이야. 사선무늬 직물의 일종으로 트위드 패턴 중에서 가장 균형 잡힌 무늬이기도 해. 오빠의 겨울은 투박하면서도 클래식한 이 트위드 재킷과 함께 시작되길 바랄게.

Styling A

트위드 재킷은 톤 온 톤으로 스타일링하면 세련되게 연출할 수 있다. 스타일이 자칫 단조롭다고 생각되면 포켓치프나 타이 등의 액세서리에 포인트 컬러를 사용하면 감각 있어 보인다.

Styling B

무늬에 들어가 있는 색을 찾아 이너 웨어나 팬츠 색과 맞추면 스타일링이 한결 수월하다. 이너 웨어로 플란넬 셔츠나 니트를 매치하면 포근한 느낌이 한결 더해져 더욱 부드러운 인상을 줄 수 있다.

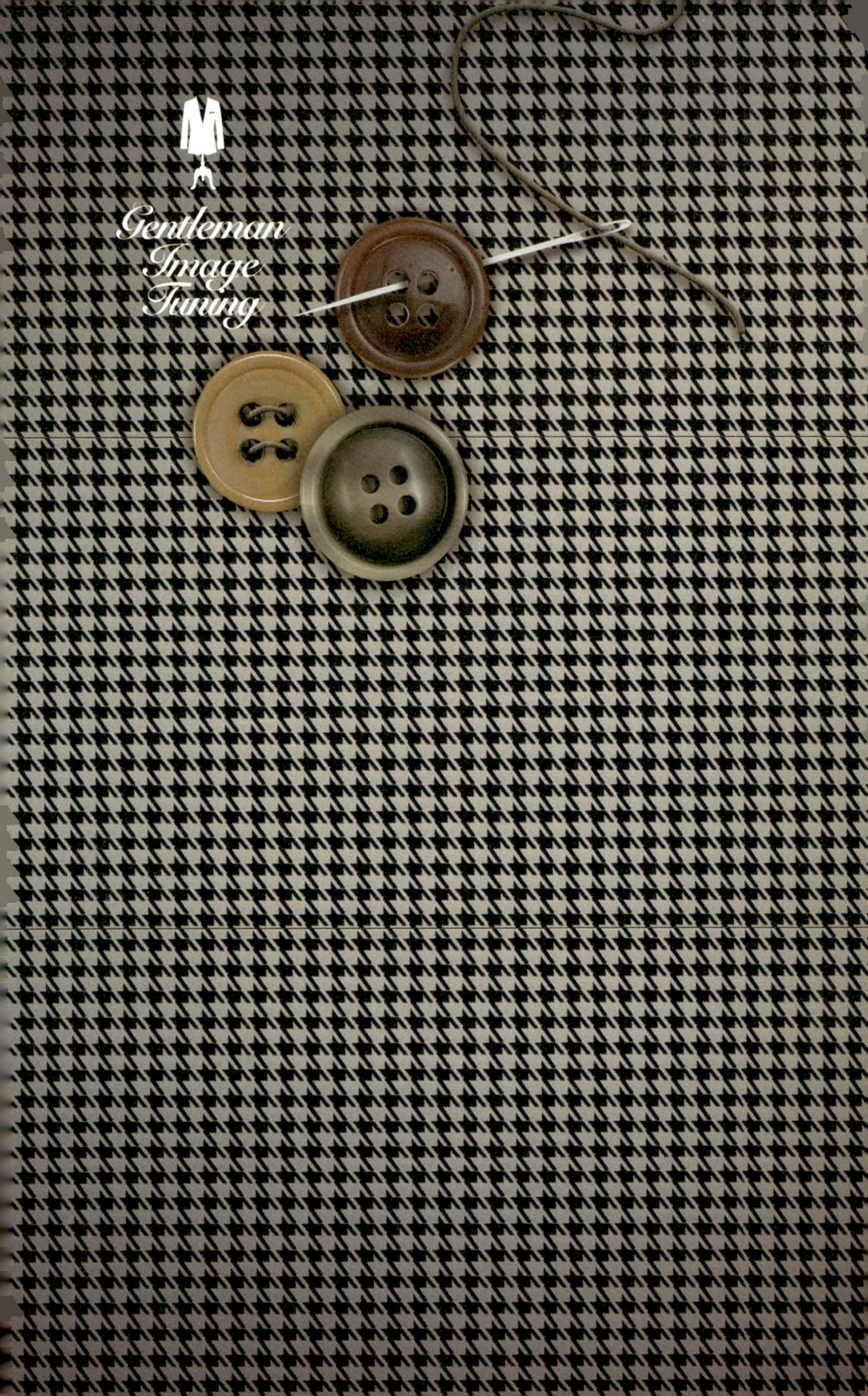

Chapter 3. Business Outer

1. 트렌치코트
2. 발마칸 코트
3. 체스터필드 코트
4. 더플코트
5. 피코트
6. 퀼팅 재킷
7. 다운재킷

Business Outer 1 Trench Coat

트렌치코트

트렌치코트 trench coat 는 제1차 세계대전 당시 영국군이 비바람에 노출되어 있는 참호(트렌치 trench)에서 몸을 지키기 위해 입던 우의를, 영국의 전통 패션 브랜드인 버버리 burberry 가 영국군의 승인을 받아 레인코트 raincoat 로 개발한 옷이다. 이런 이유로 '버버리코트'라고도 부른다. 트렌치코트는 군복에서 유래했기 때문에 군사적 용도의 디테일이 아직까지 디자인 속에 또렷이 남아 있다.

트렌치코트가 지닌 독특한 형태의 디테일은 심미성보다는 기능성에 기인한 것이다. 비바람을 막고 활동성을 강조하기 위해 생겨난 다양한 디테일 중 총이나 망원경을 걸기 위한 견장, 빗물에 총이 젖지 않게 하기 위한 가슴 덮개, 펄럭거리는 코트 자락을 여며 장애물에 걸리지 않도록 하기 위한 안전장치인 벨트는 필수 요소이다. 이 세 가지가 없으면 그냥 레인코트로 분류되기도 한다. 트렌치코트를 보다 멋스럽게 입고 싶다면 사이즈 선택에 신중해야 한다. 트렌치코트는 절대 크거나 작게 입으면 안 된다. 슈트 위에 걸

Gentleman Image Tuning

쳤을 때 적당히 잘 맞되 진동 둘레가 꽉 끼지 않는 정도가 세련되어 보인다. 길이는 무릎 정도가 기준이지만, 다리가 길어 보이고 싶다면 보다 짧은 길이의 트렌치코트를 선택한다. 특히 키가 작은 남자라면 허벅지 중간 정도의 길이여야 키도 커 보이고, 좋은 균형감이 생긴다. 길이와 피트, 디테일에 따라 완전히 다른 분위기를 연출할 수 있는 트렌치코트지만 원형 자체가 기능성을 우선으로 만든 아이템이기 때문에 기본에 충실한 군더더기 없는 디자인일수록 완벽한 남자의 모습을 보여준다.

+α 레인코트(raincoat)

이름 그대로 비나 눈이 내릴 때 입기 좋은 방수 코트이다. 트렌치코트의 대명사가 버버리라면 레인코트의 대명사는 매킨토시이다. 1823년 영국 글래스고 태생의 화학자 찰스 매킨토시가 두 장의 천 사이에 방수용 고무를 끼워 넣은 것이 레인코트의 원형으로 전해진다. 딱 떨어지는 심플한 라인과 군더더기 없는 모던한 디자인이 특징으로, 매우 얇지만 보온성이 뛰어나다. 역사를 간직한 매킨토시 레인코트는 입는 순간 클래식한 분위기를 가져다준다.

① 에폴렛(epaulette, 견장) : 어깨에 총이나 망원경을 걸 수 있도록 만들었던 디테일이 남아 있는 것이다. 정식으로는 '숄더 루프'라고 부른다.
② 친 플랩(chin flap) : 목 주위에 들어오는 비바람을 막기 위해 깃을 세웠을 때 목둘레를 감싸면서 앞면을 막아주는 밴드 형태의 깃을 말한다.
③ 스톰 플랩(storm flap) : 버튼을 채운 위에 덮는 천으로 가슴 주위에 들어오는 비바람을 완전히 차단하도록 고안된 것이다. 오른쪽 앞 어깨에 달려 있다.
④ 커프 스트랩(cuff strap) : 빗물이나 진흙이 들어오는 것을 막기 위한 소맷부리 벨트로 지금은 장식으로만 사용된다. 별명은 버클 스트랩!

 그녀의 취향

내가 영화를 너무 많이 봐서 그럴까? 특히 찬바람이 불고 낙엽이 떨어지기 시작하는 늦가을에 트렌치코트를 입은 남자들을 보면 아직도 설렌다고. 낭만을 이야기할 수 있을 것 같고, 언뜻 비치는 쓸쓸함에 깊이가 녹아 있는, 사연 있는 어른 남자의 모습이라고 생각되기 때문인가 봐. 트렌치코트를 입은 모든 남자에게 떨리는 건 아니야. 지금 막 사서 입고 나온 듯이 보이거나 단추를 전부 꼭꼭 채워 앞자락을 여미고, 허리 라인을 따라 가지런히 벨트까지 착용하고 있는 모습을 보고 있자면 성격도 빈틈없고 딱딱할 것 같아서 다가가기 불편한 인상을 받게 돼. 아무리 군복이 유래인 옷이라지만 오빠가 군인도 아닌데 각을 생명으로 여길 이유는 없는 나이잖아? 맞아. 트렌치코트의 느낌을 아는 남자는 벨트 매는 법에 차이가 있는 거였어. 추천하고 싶은 것은 코트 앞자락을 제대로 여미지 않은 상태에서 벨트를 구멍에 넣지 말고 끈처럼 묶는 거야. 남자다우면서 무심한 듯이 보이는 이 스타일은 오빠를 영화 『카사블랑카』의 험프리 보가트보다 멋있어 보이게 해줄 거야.

Styling A

부드럽고 우아한 베이지가 아닌 깔끔하고 도회적인 매력이 있는 네이비 트렌치코트는 반드시 몸에 딱 맞아 단정하게 똑 떨어지는 실루엣으로 입었을 경우에만 그 매력이 살아난다.

Styling B

트렌치코트도 어깨가 너무 크거나 작으면 안 되므로 반드시 재킷 위에 입어 본 후 구입한다. 이때 적당히 잘 맞으면서 암홀이 꽉 끼지 않을 정도면 딱 좋다.

Business Outer 2 Balmacaan Coat

발마칸 코트

우리가 흔히 스탠드칼라 코트 standcollar coat 라고 알고 있는 이 코트의 정식 명칭은 '발마칸 코트 balmacaan coat'이다. 이 코트의 가장 큰 특징은 이름에서 느껴지는 것처럼 칼라에 있다. 첫 번째 단추를 풀어서 입거나 채워서 입을 수 있는 깃 형태를 말하는데, 깃을 세운 후 단추를 채우면 비바람을 막을 수도 있다. 원래 발마칸은 스코틀랜드에 있는 지명으로 1850년경 이 지역에서 착용했던, 느슨한 래글런 raglan 소매로 되어 있고 7부 정도의 길이에 아래로 점점 넓어지는 형태의 옷이 원형이라고 한다. 그것이 심플한 구조로 변화되면서 남성 코트의 대표로 자리 잡았다.

이 코트는 너무 대중적이고 심플한 디자인이기 때문에 단조롭고 보수적인 느낌을 준다고 생각하기 쉽지만, 몸에 잘 맞는 한 벌이 있다면 어떤 아이템과 매치해도 근사한 스타일을 연출할 수 있다. 선택 요령은 반드시 베이식하고 디테일이 적은 디자인으로 고르되, 약간 작은 듯한 사이즈를 고르는 것이 핵심이다. 기본형 그 자

Gentleman Image Tuning

체이기 때문에 사이즈가 몸에 딱 맞지 않으면 고양이가 우장을 쓴 것처럼 얻어 입은 옷으로 보이기 쉽다. 가장 심플한 아우터인 스탠드칼라 코트는 원단의 품질과 실루엣의 아름다움 등 기본에 충실하고 디테일이 적은 디자인일수록 세련되어 보인다. 앞 단추를 채워서 아름다운 A라인이 드러나도록 입고, 가방이나 신발에 포인트를 주는 스타일로 연출해 보자. 트렌치코트가 멋스러움을 가져다준다면 스탠드칼라 코트는 경쾌한 이미지를 가져다준다. 감히 트렌치코트가 넘볼 수 없는 매력이기도 하다.

+α 오버코트(overcoat)

슈트나 재킷 위에 over 입는 코트의 총칭이다. 오버코트를 고르는 가장 현명한 방법은 소재를 보는 것이다. 질 나쁜 울로 만든 코트는 금방 딱딱해지고 보온성이 떨어진다. 따라서 소재가 따뜻하면서도 가볍고, 가격에 비해 고급스러워 보이는 것을 선택해야 한다. 나이가 느껴지는 남자가 값싸 보이는 원단의 코트를 걸치고 있으면 어지간히 옷을 잘 입지 않는 한, 원단에서 느껴지는 빈티가 전체 스타일을 경박한 인상으로 만들어 버리기 때문이다.

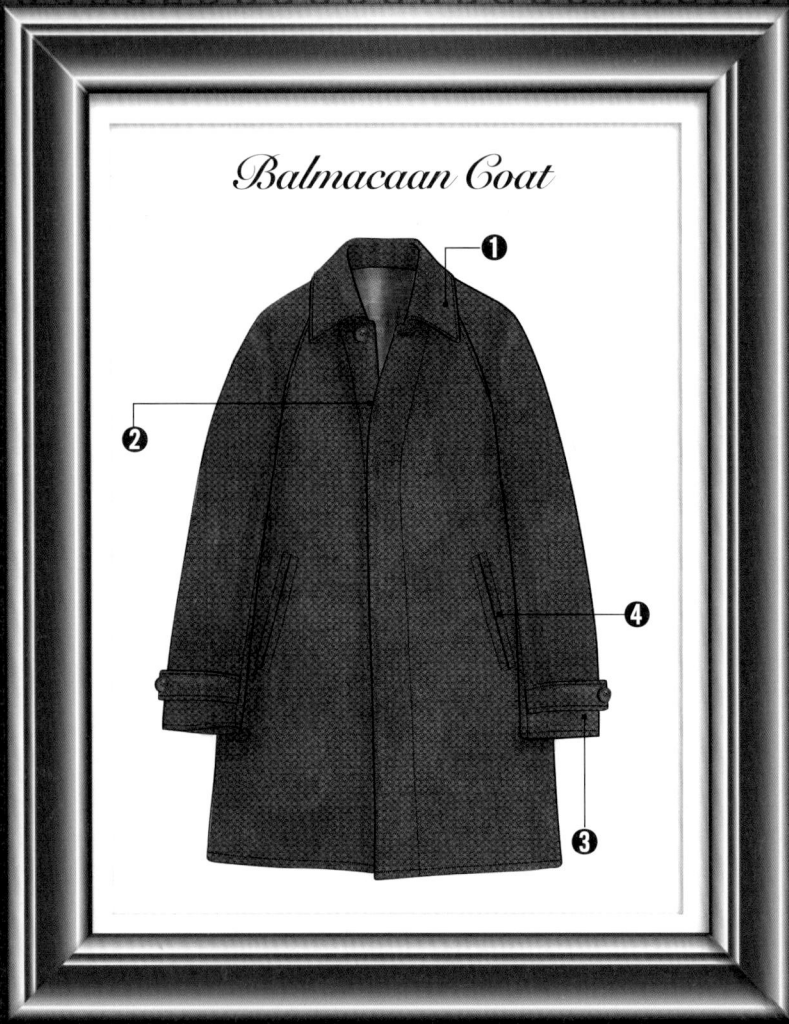

① 스탠드칼라(stand collar) : 첫 번째 버튼을 풀어 입거나 채워서 깃을 세워 입어도 좋은 깃의 형태로 정식 이름은 '발 칼라(bal collar)' 이다.

② 플라이 프런트(fly front) : 여밈 부분이 바깥쪽에서 보이지 않도록 채우는 부분에 천을 덧대 이중으로 만든 모양을 말한다.

③ 커프 스트랩(cuff strap) : 소매로 들어가는 비바람을 막는 스트랩이다. 2개의 버튼으로 넓히거나 조여 소맷부리의 폭 조절이 가능하다.

④ 웰트 포켓(welt pocket) : 포켓 입구에 천을 덧댄 포켓을 말한다. 버튼이 달린 입구를 비스듬히 만든 것은 '앵글드 슬래시 포켓(angled slash pocket)' 이라고도 한다.

 그녀의 취향

어떤 사람의 감각은 기본을 입었을 때 드러난다고 생각해. 다시 말해 이 코트는 오빠의 감각을 보여줄 수 있는 중요한 아이템인 것이지. 앞에서 설명한 것처럼 이 코트의 원형은 깃부터 소매 아래까지 사선으로 선이 들어간 래글런 슬리브야. 래글런 소매는 안에 슈트를 입었을 때 움직임이 편하다는 장점이 있지만, 왠지 나이 들어 보이고 약간 촌스럽게 보일 수 있어서 오빠에게는 별로 권하고 싶지 않아. 또 재킷을 입지 않고 셔츠나 니트 위에 걸치면 어깨 패드가 들어가 있지 않기 때문에 상반신이 왜소하게 보여. 가뜩이나 오빠 어깨가 점점 처지는 것 같아 속상한데 일부러 처진 어깨를 강조할 필요는 없는 거잖아. 그래서 난 오빠가 '세트인 슬리브 set-in sleeve'라고 불리는 재킷 같은 형태의 소매가 있는 코트를 입길 바라. 이 코트라면 어깨 라인을 어느 정도 보정하기 때문에 다부지고 깔끔한 인상을 주거든. 생각해 봐. 이런 어깨라야 한번 안기고 싶다는 생각이 들지, 나보다 더 축 처진 어깨를 하고 있는 남자에게 그런 생각을 하는 여자가 있겠어?

Styling A

스탠드칼라 코트의 가장 큰 특징은 어떤 무늬와 매치해도 소화하기 쉽다는 점이다. 코트와 패턴의 색감을 맞춰야 멋스럽다는 것에 주의하자. 부담스럽던 페이즐리 패턴의 스카프도 이 코트와 매치하면 우아한 스타일로 완성된다.

Styling B

사용하기 편한 색은 역시 베이지다. 단, 같은 베이지라도 어떤 톤의 베이지를 사용했느냐에 따라 분위기가 완전히 달라지는데 밝은 톤의 베이지는 가벼운 이미지를, 짙은 톤의 베이지는 도회적인 이미지를 풍긴다. 슈트에도 캐주얼에도 맞춰 입고 싶다면 진한 베이지가 탁월하다.

Business Outer 3 Chesterfield Coat

체스터필드 코트

대표적인 겨울 코트인 체스터필드 코트 chesterfield coat 는 테일러드 재킷의 길이를 길게 만든 것 같은 디자인으로, 클래식 코트의 표본이 되는 격조 높은 오버코트 overcoat 이다. 19세기 영국의 백작 체스터필드 4세의 이름에서 유래했다. 보통 소재로는 캐시미어 cashmere 나 질 좋은 울 wool 을 사용하며, 검정 벨벳 velvet 칼라, 허리 라인을 살리지 않은 일자 라인의 무릎까지 오는 길이, 벨트 장식이 없고, 색은 검은색이나 진한 회색 또는 진한 남색이 정석이다.

귀족적인 클래식 코트이다 보니 격식을 갖춰야 하는 자리나 공식적인 비즈니스 자리에서 입는 일이 많았다. 그러나 비즈니스 캐주얼이 자리를 잡아가면서 점점 디자인이 간략해져 체스터필드 코트의 딱딱한 포멀함 대신 색과 무늬, 허리 라인 등에 변화를 준 세미 체스터필드를 많이 활용하고 있다. 기존에는 통 넓은 넉넉한 사이즈에 무릎 아래까지 내려오는 길이였던 것이 최근에는 사이즈도 피트감이 살 수 있도록 타이트하고 길이도 무릎 위까지 짧아

졌다. 이런 실루엣이라면 비즈니스 캐주얼을 연출할 때도 경쾌하게 잘 어울리고, 캐주얼한 자리에서도 스웨터^{sweater} 위에 재킷을 걸치는 것처럼 가볍게 연출할 수 있다. 격조 높은 체스터필드 코트는 단추를 채우면 한 순간에 포멀한 분위기로 변신한다. TPO에 문제만 되지 않는다면 단추를 풀고 개성 있는 벨트나 타이 등으로 취향을 엿보이게 하면 더욱 스타일리시하다.

+α 포멀 코트(formal coat)

가장 격식을 차려야 하는 자리에 입을 수 있는 코트는 단연 싱글 브레스티드 체스터필드이다. 남자의 옷 입기에 자주 등장하는 포멀한 복장의 기본 원칙은 과도한 장식을 최대한 자제한 기본형에 가까운 것이라는 점을 기억해두자. 그래서 더블 브레스티드보다는 싱글 쪽이 훨씬 포멀한 자리에 잘 어울리는 것이다. 그 다음으로는 발마칸 코트 → 더블 브레스티드 체스터필드 코트 → 트렌치코트 → 더플코트 → 피코트 순으로 생각하면 된다.

체스터필드 코트는 다른 코트에서는 볼 수 없는 브이존 연출이 가능하다는 큰 특징이 있다. 스카프나 목도리를 함께 둘러 우아하고 세련되게 연출해 보자. 그리고 특히 소매 길이가 짧아지지 않도록 신경을 쓰자. 재킷을 안에 입었을 경우 소매의 길이는 슈트의 소매 < 셔츠의 소매 < 코트의 소매 순이다. 소매통이 약간 좁으면 전신이 날씬해 보이는 효과가 있다.

 그녀의 취향

오빠! 아직도 그 옛날 『영웅본색』의 주윤발을 못 잊어서 롱코트의 미련을 버리지 못하고 있는 거야? 이렇게 독하게 말하기 싫은데 한 마디만 할게. 오빠처럼 키가 작은 사람이 무릎 아래로 내려오는 길이의 코트를 입으면 자루를 뒤집어쓴 것처럼 보인다니까. 키가 작은 사람은 허벅지 중간 정도의 길이여야 담요를 덮어쓴 것처럼 보이지 않는다고! 그리고 요즘은 키가 큰 사람도 코트 길이는 짧게 입는 게 대세란 말이야. 코트의 실루엣을 좌우하는 데 길이는 정말 중요해. 코트 길이는 그 사람의 신장을 고려해야 하지만, 기억하기 쉽게 알려줄게. 안에 입는 재킷 길이+10cm! 어때, 기억할 수 있겠지? 아무리 길어도 무릎을 넘으면 안 돼. 이 길이의 코트일 때만 슈트 위에 걸쳐도, 청바지 위에 걸쳐도 어색하지 않단 말이야. 아무리 이렇게 얘기해도 꼭 한 번만이라도 성냥개비 입에 물고 긴 코트 자락 휘날리며 걷고 싶은 로망이 있다면 제발 허리 라인이라도 들어간 것으로 입어줘. 중심이 올라가 상대적으로 길어 보이는 효과가 있을 테니까.

Styling A

체스터필드 코트를 실용적으로 활용하고 싶다면 디자인과 컬러를 최대한 베이식한 것으로 고른다. 검은색은 필요 이상으로 무거워 보이기 때문에 피하는 것이 좋다. 차콜 그레이나 네이비로도 충분하다

Styling B

체스터필드 코트의 여밈은 싱글과 더블 두 종류가 있다. 그중 싱글은 더블에 비해 상대적으로 홀가분해서 날렵한 실루엣을 연출하기 쉽다. 방한에 더 중점을 둔다면 더블이 낫고 훨씬 포멀하게 보인다.

Business Outer 4 Duffle Coat

더플코트

더플코트 duffle coat 는 몸통에서 이어지는 후드와 토글 toggle 을 단추 대신 사용한 독특한 디자인이 특징이며, 굉장히 두꺼운 방모지인 멜턴 melton 원단 한 장만으로 만든 것이 많다. 사실 더플이란 벨기에 남쪽의 작은 마을에서 짠 두꺼운 모직물의 이름으로, 이 더플로 만든 어부들의 작업복이 이 코트의 시작이라고 전해지고 있다. 제2차 세계대전에서 영국 해군이 북해(北海) 근무용 방한복으로 채택했었는데, 전후에 군 밖으로 돌기 시작하면서 스포츠 코트 sports coat 로 인기를 얻으며 유행하게 되었다. 어부들의 작업복이었던 것이 군용 의복으로 채택된 사실을 봐도 알 수 있듯이 방한복으로서의 기능이 뛰어난 것이 가장 큰 장점이다. 그 이후 트래디셔널한 아이템으로서 프레피 preppy 와 아메리칸 캐주얼 룩의 대표 아우터로 자리매김했다.

더플코트가 이렇게 여러 직업군의 남자들에게 꾸준히 사랑받아 온 이유는 오래 입어도 질리지 않고 다양한 표정을 연출하기 때문

Gentleman Image Tuning

이다. 더플코트처럼 클래식한 아이템은 작은 차이에 따라 풍기는 매력이 천차만별이다. 따라서 소재부터 컬러, 단추의 위치, 코트 기장까지 다양한 방법으로 개성을 나타내는 것이 좋다. 너무 단순하고 경직되게 입으면 학생들이 교복을 입은 것처럼 보일 수도 있다. 체크 셔츠check shirt나 위빙 벨트weaving belt, 스웨이드 처커 부츠suede chukka boots 등 멋스러운 아이템을 조합해서 세련된 어른 남자의 스타일로 연출해 보자.

+α 코트 길이(coat length)

코트의 인상을 크게 좌우하는 것은 다름 아닌 길이다. 남자의 겨울철 아우터는 짧거나 길며 어중간한 길이는 점점 사라져간다. 아무래도 길이가 긴 코트는 드레시한 인상을 주고, 짧은 코트는 캐주얼한 인상을 준다. 하지만 아무리 긴 길이의 롱 코트를 선택하고 싶더라도 무릎 아래로 내려오지 않고 무릎 바로 위에서 끊기는 것을 선택하자. 면바지에도 잘 어울릴 뿐 아니라 다리가 길어 보인다.

① 친 워머(chin warmer) : 친(chin)은 턱, 워머(warmer)는 따뜻하게 하는 것! 말 그대로 목 부분에 들어오는 바람을 막기 위해 달려 있다. 사용하지 않을 때는 후드 뒤로 돌려서 채워 놓는다.

② 토글(toggle) : 단추 역할을 하는 뿔 모양의 나무이다. 주로 장갑을 끼고 생활하는 어부들이 배 위에서 작업할 때 장갑을 낀 채로도 쉽게 옷을 벗을 수 있도록 만든 단추인 셈이다.

③ 커프 스트랩(cuff strap) : 소맷부리로 바람이 들어와 체온이 떨어지는 것을 막기 위해 단추를 단 스트랩이다. 어떤 위치의 단추를 채우느냐에 따라 팔의 실루엣이 달라지기 때문에 자신의 체형에 맞게 조절해야 한다.

 그녀의 취향

더플코트가 우리나라에선 동절기 교복 위에 입는 학생용 방한복으로 더 많이 알려져 있어서 그런지 10대들의 전유물쯤으로 생각하는 경향이 많은데, 원래 더플코트라고 하는 것은 남자가 입는 코트 중에서도 매우 트래디셔널한 코트라고 할 수 있어. 그러니까 어린 남자애들처럼 떡볶이 코트라고 놀리기보다, 떡볶이 모양의 단추를 '토글'이라고 부를 수 있는 오빠 같은 어른 남자가 입어야 하는 옷이지. 더플코트를 입을 때 가장 주의해야 할 점은 늙은 학생으로 보이지 않아야 한다는 거야. 이럴 때 무게감이 있으면 확실히 풋내기 학생들과는 차별화가 될 수 있지. 학생들도 즐겨 입는 치노 팬츠가 아니라 울 팬츠를 매치하면 무게감은 배가 될 거야. 만일 슈트와 함께 포멀하게 연출하고 싶다면 코트를 어깨에 살짝 걸쳐 봐. 시크한 인상으로 완성될 거야. 이 코트는 길이가 너무 짧거나 타이트하게 입으면 애송이같이 보이니 주의하고.

Styling A

토글 안쪽에 덧댄 천은 다른 코트에선 쉽게 볼 수 없는 더플코트만의 독특한 디테일이다. 다른 단추에 비해 무게가 있고 힘이 많이 들어가 당겨지는 토글을 열거나 채울 때 확실하게 고정시키는 역할을 한다.

Styling B

작업복에서 유래한 아이템인 만큼 더플코트의 디테일은 디자인보다 기능을 위해 존재한다. '사이드 슬릿' 이라고 부르는 절개선도 걷기 좋게 하기 위한 것이고, 코트 후드 부분에 달린 후드 스트랩도 추위를 막기 위한 것이다.

Business Outer 5 Pea Coat

피코트

피코트 pea coat 는 19세기 전반에 영국 해군이 선상 유니폼으로 착용하던 밀리터리 코트 military coat 가 일반인에게 보급되었다고 하는, 짧은 길이의 오버코트다. 해군의 유니폼으로 함교나 갑판에서의 작업 등 심한 기상조건에서 입던 것이기 때문에 바람의 방향에 따라 앞섶을 좌우 어느 쪽으로나 여밀 수 있도록 만들어진 것이 가장 큰 특징이다. 이 더블 브레스티드는 한쪽 방향의 버튼이 파손되어도 다른 한쪽으로 채울 수 있어 편리하다.

피코트의 '피 pea'는 네덜란드어로 표면이 거칠거칠하고 두꺼운 방모 직물 라사 raxa 를 의미하는 'pij'에서 유래했다고 하는 설이 가장 유력하다. 따라서 피코트를 'P코트'라고 표기하는 것은 잘못된 것이다. 두껍고 뻣뻣한 방모 직물을 사용하고 더블 브레스티드로 만들어졌기 때문에 어깨 라인이 확실하게 잡히며, 리퍼 칼라 reefer collar 이기 때문에 서양 사람에 비해 상대적으로 왜소한 우리나라 남자들에게 매우 잘 어울린다. 따라서 처진 어깨나 마른 체형을 커버해주는 궁극의 아

Gentleman Image Tuning

이템이라 할 수 있다. 다른 코트에 비해 길이가 짧은 피코트는 다리가 길어 보여서 키가 작은 체형에도 도움이 된다. 다만 배가 나온 체형은 짧은 길이가 볼록 나온 배를 강조할 수 있으니 피하는 것이 좋겠다. 사이즈에 따라서는 재킷 위에도 입을 수 있지만, 본래 슈트 위에 걸치기에는 약간 캐주얼한 느낌이 있다. 피코트의 두꺼운 소재가 목도리나 장갑과 잘 어울리기 때문에 소품으로 개성을 표현하면 은근한 멋이 드러난다.

+α 코트 스타일링(coat styling)

코트를 걸치고서 멋을 내고 싶다면 머플러를 목에 둘러 보자. 코트의 단추를 채우고 머플러를 두를 때는 짧은 길이의 머플러를 선택한다. 단추를 채워 속에 입은 옷을 감추고 머플러를 두르면 브이존도 보이지 않게 된다. 따라서 코트 색에 어울리는 머플러를 선택하는 것이 좋다. 코트 앞 단추를 열고 머플러를 두를 때는 긴 머플러가 균형 잡혀 보인다. 머플러 색은 타이 색과 같은 계열로 맞추면 더 멋스럽다.

 그녀의 취향

겨울철 오빠의 첫인상은 언제나 코트가 좌우한다는 거 잘 알지? 안에 숨기고 있는 슈트보다 코트가 먼저 보이는 법이잖아. 하지만 걱정 마. 앞에서 설명한 멋진 비즈니스 아우터라면 첫인상을 성공적으로 부각시킬 수 있을 거야. 물론 아무리 멋진 코트라도 몇 가지는 지켜줘야 해. 가끔 코트의 주머니 봉제선을 뜯지 않고 그냥 두는 사람이 있는데, 그건 게으르기 때문이 아니야. 그들은 주머니가 볼록 튀어나온 오버코트만큼 흉한 게 없다는 것을 아는 선수들인 거지. 모든 아우터에 해당되는 얘기지만 특히 코트 주머니에는 아무것도 넣지 않는다고 생각하는 게 좋을 거야. 다음으로 코트 안에는 니트나 캐시미어, 울 같은 겨울 소재 아이템을 입어야 더욱 멋지게 보여. 얇은 옷 위에 허벅지까지 내려오는 코트 한 장을 걸친 옷차림은 아무리 값비싼 코트라고 해도 가까스로 추위를 피하는 노숙자 스타일이야. 그만큼 없어 보일 수 있다는 뜻이야. 코트 안에 뭘 받쳐 입을지 고민될 때는 일단 얇은 터틀넥을 입는 걸로 하자. 알았지?

Chapter 3. Business Outer

Styling A

사이즈에 따라 재킷 위에도 입을 수 있지만 슈트와 맞춰 입기에는 캐주얼한 인상이 너무 강하다. 부드러운 플란넬이나 캐시미어 등의 고급 소재로 만들어진 것은 우아한 분위기를 낸다.

Styling B

받쳐 입을 이너를 가리지 않고 니트나 셔츠 위에 걸치는 것만으로도 스타일이 살아난다. 두꺼운 소재가 머플러나 장갑과 잘 어울리니 소품으로 개성을 표현해 보자.

Business Outer 6 Quilting Jacket

퀼팅 재킷

보온성을 높이기 위해서 두 장의 원단 사이에 깃털이나 폴리에스테르 polyester, 솜 등을 끼운 다음 다이아몬드 모양의 스티치 stitch 를 넣어 강도를 높인 원단을 사용한 아우터이다. 원래 영국에서 승마할 때 착용했다고 하는 것에서 알 수 있듯이 너무 캐주얼하지 않고, 내구성이 높은 것이 특징이다. 겉감은 나일론 소재가 일반적이지만, 트위드나 캐시미어 울로 만들어진 것도 있다. 세련되고 품위 있는 모양, 높은 활용도, 가벼운 착용감과 보온성으로 입으면 누구나 스타일리시하게 보이는 퀼팅 재킷 quilting jacket 은 영국의 아웃도어 브랜드라면 옛날부터 있던 기본 아이템이다.

전체에 퍼진 다이아몬드 무늬 때문에 캐주얼 아우터로만 입어야 한다고 생각하는 사람도 많은데, '다이아몬드 퀼팅'이라고 부르는 이 특유의 무늬는 슈트 스타일에 위화감 없이 잘 조화되기 때문에 비즈니스 아우터로도 훌륭하다. 스포티한 분위기가 더해져 독특한 슈트 스타일을 만들어낸다. 네이비, 브라운, 블랙과 같은

Gentleman Image Tuning

차분한 색을 골라야 비즈니스나 캐주얼을 가리지 않고 입을 수 있고, 어떤 옷과도 코디네이트하기 쉽기 때문에 기대 이상으로 활용할 수 있다. 입었을 때의 사이즈도 중요한데 슈트 위에 입을 경우를 생각해서 반드시 슈트 상의 길이보다 긴 것을 선택해야 한다. 스포티하면서도 트렌디한 퀼팅 재킷을 더욱 돋보이게 하려면 가방이나 구두도 광택이 있는 심플한 것으로 맞추면 된다.

+α 비즈니스 아우터(business outer)

비즈니스 아우터는 무조건 가벼워야 한다. 슈트 위에 걸쳐 입는 옷이기 때문에 활동하기에 편하고, 벗었을 때도 손에 들고 다니기 편한 것이 최상이다. 비즈니스 아우터로서 이 조건에 부합하는 것은 나일론 타입이다. 따라서 멋쟁이들은 슈트 스타일에 역사와 전통을 갖고 있으면서도 가볍고 실용적인 퀼팅 재킷을 선호한다. 다이아몬드 무늬의 퀼팅 재킷을 보고 아직도 군용 깔깔이를 떠올리면 안 되는 이유이기도 하다.

Quiling Jacket

원래 퀼팅이란 두 장의 천 사이에 면이나 깃털을 넣고 누빈 것을 말한다. 소재에 따라 두께가 상당히 달라지기 때문에 반드시 확인한다. 약간 두꺼운 것이 업무복으로도 입기 좋다. 후드가 붙어 있는 퀼팅 재킷도 많이 있는데, 탈부착이 가능한 것으로 골라야 비즈니스나 캐주얼 등 상황에 맞게 떼었다 붙였다 하며 편리하게 입을 수 있다.

그녀의 취향

오빠도 퀼팅 재킷처럼 얇은 아우터는 쌀쌀한 가을이나 초겨울에는 좋지만 본격적인 겨울이 시작되면 못 입는다는 이유로 두툼한 아우터를 선호하지? 얇아서 입을 수 있는 날이 적다는 건 활용법을 잘 몰라서 하는 말이야. 얇은 아우터는 겹쳐 입기에 최적의 아이템이라 겨울 내내 입을 수 있어. 예를 들어 따뜻해 보이는 플란넬 셔츠 위로 얇은 패딩 조끼를 입고, 그 위에 트위드 재킷을 입는 거야. 그리고 마지막으로 퀼팅 재킷을 걸치면 두꺼운 코트 한 벌을 입었을 때보다 훨씬 따뜻하고 클래식해 보여. 반대로 코트 안에 퀼팅 재킷을 입어도 돼. 이렇게 압축이 잘된 얇은 패딩은 어떻게 입어도 절대로 가짜 근육을 넣은 것처럼 뒤뚱뒤뚱 우습게 보이지 않아. 요즘 옷 좀 입는다는 남자들의 겨울 멋내기 비법이 뭔지 알아? 전부 이렇게 겉옷 안에 얇은 패딩을 받쳐 입는다는 거야. 요즘 겨울이 좀 추워? 오빠 나이에 겨울에 멋 부린다고 오들오들 떨다간 훅 가는 수가 있어. 난 오빠가 멋도 추위도 둘 다 잡을 줄 아는 스마트한 남자일 거라 믿어.

Styling A

퀼팅 재킷에 체크 바지를 잘 매치하면 클래식한 영국 스타일로 연출할 수 있다. 모노톤의 셔츠로 대비감을 주면 진한 색의 퀼팅 재킷이라도 무겁게 보이지 않는다.

Styling B

퀼팅 재킷에 면바지나 청바지 같은 캐주얼 바지를 매치하면 스포티하게 연출할 수 있다. 가볍고 위트를 느낄 수 있는 밝은 톤의 핑크 셔츠를 맞추면 캐주얼 감각이 살아난다.

Business Outer 7 Down Jacket

다운재킷

옷감 사이에 가벼우면서 따뜻한 깃털(다운 down)을 넣어 만든 보온성이 높은 방한용 재킷으로, 어떤 아우터보다 따뜻하게 입을 수 있는 한 겨울의 기본이다. 다운 아우터 down outer는 두툼한 부피 때문에 아웃도어나 캐주얼에 어울리는 아이템이지만, 부피감이 크지 않은 날씬한 디자인의 다운재킷은 코트처럼 차려입었다는 느낌을 주기 때문에 비즈니스용으로도 얼마든지 활용이 가능하다.

다운은 물새의 깃털 중에서도 보온성이 풍부한 최상급 부분을 말하는데, 재킷에서는 새털(페더 feather)과 섞어서 사용하는 것이 보통이다. 등산 등의 아웃도어에서는 급격한 날씨 변화에 대응해 깃털의 보온성을 충분히 발휘시키기 위해서 겉에 나일론 등의 얇은 원단을 사용하는 것이 일반적이다. 하지만 도심에서 사용하기 위해 울이나 트위드를 겉감으로 선택한 것도 많다. 이런 다운재킷을 입을 때는 장갑이나 신발에도 기모가 있는 소재를 고르면 잘 어울린다. 또 안에 넣은 다운의 양을 최소한으로 하면서 보온성을 높게 한 초경량 다운도 등장했고, 겹쳐 입는 레이어드 룩 layered look 으로 사용할 수 있는 얇은 패딩 등 다양한 종류가 나오고 있다. 따라서 특유의 부피감이 특징인 다운재킷은 소재나 색을 의식해서 실루엣을 살리는 스타일로 연출하는 것이, 다운의 보온성은 유지하면서 세련되게 입을 수 있는 방법이다.

+α 필 파워(fill power)

다운재킷에 달린 상표 태그 tag에서 자주 볼 수 있는 것이 '필 파워'라는 용어다. 이것은 다운의 질을 나타내는 단위의 하나로 온도와 습도가 일정할 때 1온스(28.3495g)의 다운이 몇 입방인치(cubic inch)로 부풀어 오르는가를 측정해서 수치로 나타낸 것이다. 보통 600 이상이면 보온 효과가 높은 것으로 분류되고, 800이면 최상급이다.

① 후드(hood) : 전문 아웃도어용이라면 대부분 후드가 붙어 있는데 스냅 버튼 등으로 탈부착이 가능한 것도 많다. 목 주위에 볼륨감이 생긴다.

② 커프스 스냅 버튼(cuffs snap button) : 바람의 침입을 막도록 소맷부리를 조이기 위해 만든 스냅 버튼을 말한다. 단단히 채우는 것만으로 간단하게 좁힐 수 있다.

③ 핸드 워머 포켓(hand warmer pocket) : 이름 그대로 손을 따뜻하게 하기 위해 좌우대칭으로 배치되어 있는 포켓이다. 몸판에 넣는 것이 많고 플랩이 달린 것도 있다.

 그녀의 취향

'패딩' 하면 가장 먼저 떠오르는 것이 패딩 점퍼지만 결코 만만하게 볼 게 아니야. 패딩 점퍼야말로 다른 것보다 세심하게 신경 써서 입어야 멋이 나는 옷이거든. 그러니까 제발 양복 위에 엄홍길 대장의 뚱뚱한 산악용 패딩은 그만 입길 바라. 더 놀라운 건 그 뚱뚱이 패딩을 입은 남자들을 자세히 보면 얼마나 마르고 닳도록 입었는지 팔꿈치랑 엉덩이 부분이 반질반질 윤기가 난다는 거야. 그 비싼 아웃도어 브랜드 로고가 가슴에 붙어 있어도 진짜로 없어 보인다니까. 그리고 물 빠진 청바지와 입을 생각일랑 아예 버려. 신상 패딩이면 뭐해? 볼품없이 물이 빠진 낡은 청바지랑 입으면 촌사람이 잔뜩 멋 부리고 나온 것처럼 보일 뿐이야. 운동선수들이 많이 입는 무릎 밑까지 내려오는 긴 패딩은 어떠냐고? 백화점 주차 관리 요원처럼 보이고 싶다면 안 말릴게. 오빠는 허벅지와 엉덩이를 살짝 덮는 정도의 길이에 압축이 잘된 누빔 디자인이나, 여러 개의 주머니로 시선을 분산시키는 걸 입어야 해. 그래야 미쉐린 타이어처럼 안 보인다고.

Styling A

길이를 잘 맞춘 울 팬츠에 뭉툭한 브로그를 신고 패딩 재킷의 단추를 가지런히 채우면 코트나 투박한 아우터가 따로 필요 없다. 바지 밑단에 적당한 커프스를 잡으면 더 감각적으로 보인다.

Styling B

블레이저 스타일의 패딩 재킷은 패딩이 아니라 재킷이라 생각하고 스타일링에 활용하는 것이 좋다. 포멀한 느낌을 고스란히 살리는 것이 포인트이다. 행커치프와 클래식한 장갑 등을 활용하면 보다 근사한 스타일을 연출할 수 있다.

Chapter 4. Casual Outer

1. M-65 재킷
2. 레더 재킷
3. 블루종
4. 마운틴 파카
5. 오일드 재킷
6. 플라이트 재킷
7. 스타디움 점퍼

Casual Outer 1 M-65 Jacket

M-65 재킷

일명 '야상'이라고 불리는 M-65 재킷은 제2차 세계대전 당시 미국 육군이 한랭지에서 임무를 수행하기 위해 개발한 필드 재킷 field jacket을 말한다. 바람막이 기능이 뛰어난 야전 재킷으로서 베트남 전쟁에서 걸프 전쟁까지 착용한 밀리터리 재킷이다. M은 밀리터리, 65는 개발된 년도를 나타내는 것으로, 1965년에 군용으로 만들어졌다는 의미를 담고 있다. M-65 필드 재킷은 군복에 원형을 둔 아우터 중에서도 가장 많은 복제품과 변형 제품이 나오는데, 그 이유는 디자인은 단순하지만 이만큼 수납성과 활동성을 따라올 만한 아우터가 없기 때문이다. 따라서 남녀를 가리지 않고 다양한 디자인이 나오는데, 원형을 유지하면서 디테일의 차이로 색다른 느낌을 전달한다. 카무플라주 패턴 camouflage pattern 이라면 어떤 옷에 걸쳐도 밀리터리 룩을 완성할 수 있고, 네이비 컬러를 슈트나 그레이 팬츠와 매치하면 세련되고 단정한 비즈니스 룩이 되며, 베이지 컬러라면 경쾌한 느낌을 줘서 무겁지 않은 위크엔드 룩까지 연출할 수 있는 전천후 아이템이다 보니 남성의 중요한 패

Gentleman Image Tuning

션 아이템으로 자리를 잡은 것이다. 대부분의 M-65 재킷은 심플한 디자인이 주를 이루기 때문에 와펜 wappen 이나 패치 patch, 프린트 print 등 디테일이 있는 아이템으로 포인트를 주는 것도 좋다. 터프한 분위기의 남자다운 멋을 내고 싶거나 쌀쌀한 날씨에 편하게 걸치고 싶다면, 오랫동안 입어도 질리지 않는 매력을 지닌 M-65 필드 재킷이 언제나 정답이다.

+α 와펜(wappen), 패치(patch)

와펜이란 독일어로 '문장(紋章)'이란 뜻이다. 즉 국가나 단체, 집안 등을 나타내는 상징이다. 주로 재킷의 가슴이나 모자 등에 붙이는 방패 모양의 장식 등을 말한다. 패치란 장식용으로 덧대는 데 쓰이는 헝겊 조각을 말한다. 붙이는 용도에 따라 다르지만 재킷이나 스웨터 등의 상의 팔꿈치에 천이나 가죽을 덧대는 것은 '엘보 패치 elbow patch'라고 부른다.

① 안감에 달려 있는 단추들은 내피를 부착할 수 있도록 고안한 것이다. 일명 '깔깔이'라 불리는 내피를 부착하면 웬만한 추위에도 끄떡없는 보온성을 자랑한다.

② 허리 부분의 드로 코드를 살짝 조이면 어깨를 좀 더 부각시킬 수 있다. 게다가 잘록한 허리 라인이 전체적인 실루엣은 늘씬하게, 뒷모습은 보다 다부지고 남자답게 만들어 준다.

③ 평상시에는 일자로 접힌 소매지만 만약의 경우 손등을 덮어 외부 자극으로부터 보호할 수 있도록 삼각 형태로 연장되는 소매 플랩이 있다. 벨크로(velcro)가 붙어 있어 손목 사이로 비바람이 들어가지 않도록 조일 수 있다.

 그녀의 취향

오빠는 복학생 패션하면 제일 먼저 뭐가 떠올라? 맞아. 야상이야. 특히 1980년대 예비역 복학생들은 진짜 군용 야상을 입고 캠퍼스를 누볐잖아. 언제 어디서나 입고 다닐 수 있고, 빨지 않아도 더러움이 크게 눈에 띄지 않고, 청바지 하나면 다른 코디가 필요 없다는 등의 편리함을 이유로 가난한 복학생들에게 이보다 좋은 겉옷이 없었던 거지. 80년대는 어쩔 수 없이 야상을 입었다면 이제는 야상이 아닌 M-65 재킷을 입어야 할 때야. 더군다나 이 재킷은 시간이 흐를수록 색이 바래지면서 은은한 빈티지 무드를 풍기거든. 세월을 입은 남자가 얼마나 섹시하게 보이는데. 섹시한 밀리터리 아이템이 바로 M-65 재킷이야. 이 재킷의 진정한 매력은 꾸미지 않은 것처럼 대충 입을 때 진면목을 발휘해. 그러니까 행여 젊어 보인다는 판매사원 말에 혹해서 컬러풀한 재킷을 선택하는 실수는 범하지 않길 바라. 그냥 수수해 보이는 기본 컬러 재킷에 무늬 있는 머플러나 밝은 컬러의 이너를 매치하면 감각이 살아 있는 젊은 오빠로 보일 거야.

Styling A

슈트와 필드 재킷은 어색한 게 아니라 오히려 댄디한 비즈니스 룩을 완성할 수 있는 멋스러운 매치다. 슈트 재킷 위에 코트 대신 걸쳐도 좋고 캐주얼 데이에는 슈트 재킷 대신 필드 재킷만 입어도 무방하다.

Styling B

군인처럼 보이고 싶지 않다면 M-65 필드 재킷에 카고 팬츠와 부츠는 피하는 것이 좋다. 데님 팬츠와 스니커즈라면 캐주얼하면서도 터프한 분위기를 낼 수 있다. 컬러풀한 필드 재킷은 젊어 보일 수도 있지만 다른 아이템과 매치하기가 쉽지 않다.

Casual Outer 2 Leather Jacket

레더 재킷

흔히 가죽 재킷하면 터프 가이 tough guy 이미지가 먼저 떠오른다. 빳빳한 두께와 가죽 특유의 광택에서 느껴지는 남성미는 다른 아우터에선 볼 수 없는 레더 재킷 leather jacket 만의 특별한 매력인 것이다. 레더 재킷은 제2차 세계대전 당시 전투기 조종사들이 입던 항공 점퍼에서 유래했다. 이 재킷도 군복에서 시작된 만큼 수납이 용이하고 따뜻하며 활동이 편한 기능성 옷이다 보니 전쟁이 끝난 후에도 많은 남자들에게 사랑받았다.

스포티하고 캐주얼한 느낌은 물론 포멀한 느낌까지 멋지게 연출하는 레더 재킷은 싱글과 더블로 나뉜다. 싱글은 집업 zip-up 스타일로 좌우대칭의 프런트 front 디자인이 특징이고, 더블은 앞판이 더블 브레스티드처럼 깃이 가슴 위에서 접혀지기 때문에 한결 바람의 침입을 막아준다. 본격적으로 오토바이를 탈 때는 더블이 인기지만 상황에 따라서는 너무 캐주얼하게 보일 수도 있다. 다양한 상황에 맞추려면 싱글이 스타일링 활용도가 더 높다. 다른 아우터

Gentleman Image Tuning

가 디자인을 입는 것이라면 가죽 재킷은 소재를 입는 옷이다. 가죽은 내구성이 강하고 바람을 막아주며, 착용감이 부드럽다는 장점을 가지고 있다. 하지만 습기에 약하고 관리가 필요한 데다가 아무래도 고가이다 보니 인조 가죽 재킷이 대중적으로 많이 팔리고 있다. 재킷 하나만 걸치고도 강인함과 부드러움을 동시에 표현할 수 있고, 그 자체만으로도 특별한 멋이 나며, 또 입을수록 손때가 묻어나 자기만의 역사와 사연을 담을 수 있는 것은 페이크^{fake}가 아닌 리얼^{real} 가죽 재킷만의 고유 영역이다.

+α 키가 작은 체형

키가 작은 체형의 남자들은 무조건 짧은 길이의 아우터를 선택해서 일단 시선을 가능한 위쪽으로 끌어올리도록 연출하는 것이 가장 좋다. 가슴 주위에 밝은색의 포인트 액세서리를 더해 보는 사람의 시선이 높은 곳으로 가게 만들 수 있다. 거기에 상의 길이가 짧은 아우터를 입어 하체가 길어 보이는 밸런스로 맞추면 훨씬 키가 커 보이고 감각 있어 보인다.

① 슬래시 포켓(slash pocket) : 라이더 재킷에서 많이 볼 수 있는 주머니로 몸판에 절개선을 넣어서 만든 것을 가리킨다. 보통 지퍼로 열고 닫는다.
② 스탠드칼라(stand collar) : 싱글 타입의 레저 재킷은 옷깃이 서 있다. 목 주위에 친 스트랩(chin strap)이 달려 있는 것도 많은데 바람이 들어오는 것을 막아주는 기능을 한다.
③ 커프스 지퍼(cuffs zipper) : 소맷부리에 달려 있는 지퍼는 바이크를 탈 때 바람이 들어오는 것을 막는 방한 기능과 피트감을 높이기 위한 기능적인 장치이다.

 그녀의 취향

오빠가 야성적인 남자로 보일 수 있는 가장 빠른 방법이 뭔지 알아? 지금 걸치고 있는 겉옷을 벗고 가죽 라이더 재킷을 입는 거야. 오토바이족의 필수 아이템이라 할 수 있는 가죽 라이더 재킷은 진정 터프한 남자의 상징이지. 이렇게 걸치기만 해도 멋진 가죽 라이더 재킷을 더 멋스럽게 입고 싶다면 안에 받쳐 입는 이너를 무조건 얇게 입어야 해. 나이 탓하며 너무 춥다고 팔이 안 들어갈 정도로 두껍게 껴입고서 그 위에 가죽 재킷을 입으면 퀵 서비스 아저씨로 보일 뿐이야. 이너를 얇게 입으면 추위를 타지 않을 것 같은 터프함과 동시에 피트감이 느껴져서 섹시함까지 가져다줄 거야. 거친 가죽 소재를 부드럽게 연출하고 싶다고? 재킷 컬러가 블랙이라면 팬츠도 블랙이나 그레이로, 브라운이라면 베이지를 선택해서 전체적으로 색의 톤을 정돈하여 통일감을 주면 시크해 보여. 터프하고 캐주얼한 느낌은 물론 포멀한 시크 룩까지 멋지게 소화하는 레더 재킷 스타일링으로 오빠의 매력을 한 번 보여줘.

Styling A

겨울 아우터로 경쾌한 분위기를 연출하는 데는 가죽 재킷만한 것이 없다. 하지만 자신의 어깨 사이즈보다 작은 것을 입으면 갑갑해 보이고, 너무 큰 것을 입으면 상체만 지나치게 강조되니 어깨 사이즈에 꼭 맞는 아이템을 고르는 것이 스타일링의 기본이다.

Styling B

가죽 라이더 재킷은 완벽한 스타일링보다는 재킷과 비슷한 톤으로 입어야 멋스러운 아이템이다. 하지만 다른 아이템과 매치할 때는 재킷의 길이나 디테일에 따라 조금 신경을 써야 한다.

Casual Outer 3 Blouson

블루종

블루종 blouson은 재킷과 점퍼가 결합된 윗옷으로 손목과 허리 부분에 넓은 고무 밴드를 부착해 바람이 들어오지 않게 막고 몸 안의 열기가 쉽게 빠져나가지 않도록 지퍼로 몸을 단단히 여밀 수 있다. 상의가 자연스럽게 부풀어 보이는 것이 특징이다.

대부분의 남성복이 그렇듯이 블루종의 기원도 군복인데, 미국 공군의 유니폼이 그 시작이었다. 즉 기능성과 활동성에 집중한 옷이라는 얘기다. 강도 높은 훈련과 비행 시 추위를 견디려면 두꺼운 가죽 소재나 누빔 안감을 더한 나일론 소재가 적격이었다. 재킷보다 역동적이고 코트보다 가뿐했던 블루종은 청바지, 면바지, 모직 바지 할 것 없이 잘 어울려서 군복으로만 입기에는 너무 아까웠다. 따라서 블루종은 군복에 머무르지 않고 나일론 외에 스웨이드, 면, 울, 리넨 등 다양한 소재로 디자인되면서 완전히 다른 모습으로 진화하기 시작했다.

Gentleman Image Tuning

블루종의 가장 큰 장점은 무엇보다 편하게 입을 수 있다는 것이다. 또 엉덩이가 가려지지 않는 길이의 블루종은 스포티한 캐주얼 스타일을 연출하는 데 빼놓을 수 없는 아이템이다. 분명 아무 때나 부담 없이 입을 수 있는 옷이지만 '아저씨 점퍼'로 보이고 싶지 않다면 적당히 포멀한 감성이 깃든 아이템을 더해서 살짝 갖춘 듯한 느낌으로 표현하는 것이 좋겠다. 와이드 스프레드 칼라 wide-spread collar 셔츠에 타이 매듭을 다부지게 매고, 그레이 팬츠에 블랙 슈즈를 신는 식으로 매치해 보자. 이렇게 하면 캐주얼한 성격의 블루종이 색다른 비즈니스 룩으로 표현된다.

+α G-9 블루종

영국 맨체스터의 바라쿠타사 baracuta社에 의해 1948년 발표된 G-9이야말로 모든 블루종의 기본형이라고 불린다. 명칭으로 사용하고 있는 G가 골프 golf 의 앞 글자라고 하는 설은 분명하지 않지만, 수많은 골퍼가 애용하고 있었던 것은 확실하다. 역사를 자랑하는 이 블루종은 출시 당시의 디자인 원형이 지금까지 유지될 정도로 완성도 높은 디자인이므로, 앞으로도 클래식한 매력을 표현하기에 충분한 아이템이다.

① 플랩 포켓(flap pocket) : 주머니 안의 물건이 비에 젖거나 떨어지는 것을 막기 위해 뚜껑을 단 포켓이다. 이 주머니를 버튼으로 채운 것이 플랩 포켓이다.
② 리브 니트(rib knit) : 소맷부리에 바람이 들어오는 것을 막고 부드럽게 움직일 수 있다. 너무 늘어나지 않도록 주의한다.
③ 니트 웨이스트(knit waist) : 리브 니트와 똑같이 바람과 몸의 피트감을 좋게 하기 위해 밑단에 단 모양이다. 너무 조이지 않는 것으로 고른다.
④ 도그 이어 칼라(dog ear collar) : 튀어나온 개의 귀처럼 길게 늘어뜨린 형태의 깃을 말한다. 깃의 끝에 달린 버튼을 채우면 깃을 세워 입을 수도 있다.

 그녀의 취향

블루종은 소재나 디자인에 따라 스포티, 클래식 등 다양한 연출이 가능해 더욱 매력적인 아이템이야. 쉽게 입을 수 있어서 스타일에 자신 없는 오빠들에게도 제격일 거야. 클래식한 멋이 느껴지는 블루종은 배불뚝이 아저씨로 보일 위험이 있는 것도 사실이지만, 몇 가지만 조심하면 몸에 잘 맞으면서 젊어 보일 수 있어. 블루종은 어디에나 잘 어울리기 때문에 오빠의 스타일에 따라 다양하게 코디할 수 있는 것이 큰 장점이야. 하지만 소재에 따라 느낌이 확 달라지기 때문에 스타일에 맞는 소재 선택에 신경 써야 해. 가죽보다는 스웨이드 소재가 조금 더 신사다워 보여. 또 지나치게 딱 맞는 사이즈보다는 앞을 채웠을 때 허리 부분에 가볍게 주름이 생기는 사이즈가 딱 좋아. '바람막이 점퍼'라고도 불리는 나일론 블루종은 운동할 때 입기 좋은 편안하고 가벼운 점퍼잖아. 그렇다고 운동할 때만 입지 말고 나일론 블루종의 스포티함을 살려서 경쾌하게 입어도 멋있을 거야. 참! 블루종을 입을 때 지퍼를 적당히 열어서 브이존을 만들면 훨씬 날씬하고 쿨하게 보여.

Styling A

블루종은 캐주얼한 성격의 옷으로 여겨지지만 사실 포멀하게 입을 때 더욱 감각 있어 보인다. 특히 스웨이드 소재로 만든 블루종은 깔끔하고 단정한 매력이 가득하다.

Styling B

나일론 블루종은 가볍고 작게 접을 수 있으니 휴대하기 좋고, 비가 내려도 옷이 젖을까 걱정할 필요가 없다. 추울 때 입으면 몸 안의 열기를 밖으로 쉽게 내보내지도 않고 어떤 데님 팬츠와도 잘 어울리는 만능 아이템이다.

Casual Outer 4 Mountain Parka

마운틴 파카

이름 그대로 등산용의 방수, 방풍, 방한용 소재로 개발된 후드가 달린 재킷으로, 미국의 아웃도어 브랜드인 시에라 디자인스 sierra designs의 디자인이 원형이다. 시에라 디자인스에서는 코튼 60%, 나일론 40%의 혼방 원단인 60/40 클로스 cloth를 사용하고 있기 때문에 '60/40 파카 parka'라고 불리기도 한다. 이 60/40 원단은 코튼과 나일론이 격자로 되어 있어서 나일론보다 마찰에 강하고 코튼보다 통기성이 뛰어난 기능적인 소재이다. 이러한 소재들이 많이 사용되다 보니 마운틴 파카 mountain parka는 한겨울 방한복처럼 내구성이 강하고 튼튼하다는 이미지가 박혀 가을 겨울용 아우터라고 생각하는 사람이 많다. 하지만 원래 마운틴 파카는 등산용 아우터이며 가벼운 소재와 화려한 색감까지 갖추고 있어 화사한 봄에도 입기 좋은 아이템이다.

남성적인 매력을 멋스럽게 표현하고 싶다면 역시 M-65 재킷만한 게 없다. 그러나 터프한 이미지보다 남자의 여유로움을 어필하길

Gentleman
Image Tuning

원한다면 단연 마운틴 파카다. 거친 자연환경에 대비하기 위해 만든 아이템이기 때문에 전투용인 M-65와는 스타일이 확연히 다르다. 마운틴 파카의 가장 큰 매력은 어떤 옷에나 가볍게 걸칠 수 있다는 점이다. 또 원색이 부담스러운 남자라도 스포티한 디자인 덕분에 부담 없이 친근하게 입을 수 있다. 슈트에도, 캐주얼에도, 아웃도어에도 모두 입을 수 있는 전천후 아이템으로 활용하고 싶다면 무겁고 둔해 보이는 고기능성의 등산복보다는 타이트한 실루엣에 패셔너블한 요소가 들어 있는 가벼워 보이는 것을 선택하는 편이 좋다.

+α 살찐 체형

뚱뚱한 체형을 커버하는 가장 좋은 방법은 세로로 긴 실루엣을 만드는 것이다. 그렇기 때문에 키가 작으면서 뚱뚱하다면 짧은 재킷으로 배의 가로 라인을 강조하지 말고 세로로 길어 보이는 것을 적극적으로 선택한다. 또 아우터 디자인이 너무 심플하면 배의 볼륨감이 금방 눈에 띄어 버린다. 단추나 디테일이 먼저 눈에 들어오는 더블 트렌치코트 같은 아우터라면 뚱뚱한 체형이라도 여유롭고 중후한 인상으로 바뀔 수 있다.

① 드로스트링(drawstring) : 후드 가장자리에 끈을 넣어 조일 수 있도록 만든 것을 말한다. 후드를 푹 머리에 뒤집어쓴 후 끈을 당기면 머리가 젖는 것을 막을 수 있다. 허리 안감 부분에도 달려 있다.

② 커프 면 파스너(cuff cotton fastener) : 소맷부리에서 바람이나 비의 침입을 막도록 만든 것이다. 스냅 버튼 타입도 있지만 면 파스너가 일반적이다.

③ 플랩 포켓(flap pocket) : 가슴과 허리 부분 3~4곳에 만들어 놓은 뚜껑 달린 포켓이다. 허리 포켓 옆에 핸드 워머 포켓이 붙어 있는 것도 있다.

 그녀의 취향

부피가 크고 후드까지 달려 있어 주로 캐주얼 룩이나 아웃도어용 방한복으로 등장했던 마운틴 파카, 일명 '등산 점퍼'가 슈트 위에 걸쳐도 손색없는 패셔너블한 아이템으로 변신한 건 좋은 일이라고 생각해. 특히 칙칙해 보이기 쉬운 겨울 슈트에 화사함을 가져다줄 수 있거든. 그렇다고 해서 슈트 위에 빨강, 주황, 노랑, 초록 같은 총천연색을 걸치라는 말은 아니야. 화사하기는커녕 출근 전에 등산 다녀온 사람으로 보일 수 있어. 난 오빠가 베이지나 머스터드처럼 한 톤 다운된 마운틴 파카를 입길 바라. 그럼, 오빠 옷장에 걸려 있는 원색 마운틴 파카는 어떻게 하냐고? 산이 아닌 도시에서 입기에 부담스러운 마운틴 파카를 활용하는 방법은 마운틴 파카를 제외한 모든 아이템을 블랙으로 입는 거야. 그러면 오빠도 차가운 도시 남자로 변신할 수 있어. 마운틴 파카는 아이템 자체가 캐주얼하기 때문에 자칫 어려 보일 수 있어. 이렇게 가벼운 옷차림을 할 때는 액세서리를 고급스러운 것으로 마무리해야 한결 세련되게 보일 거야.

Styling A

마운틴 파카는 대부분 지퍼와 버튼이 겹쳐진 디자인이 많은데 전부 닫으면 쿨하고 터프한 인상이 되고, 지퍼는 열어둔 채 버튼만 채우면 무심한 듯 시크해 보인다.

Styling B

이너 웨어의 네크라인이 살짝 보이도록 칼라 부분만 오픈해서 입으면 한결 산뜻하고 여유로워 보인다. 이때 옷깃의 뒷부분을 세워서 힘이 살아 있도록 연출하는 것이 포인트이다.

Casual Outer 5 Oiled Jacket

오일드 재킷

오일 왁싱 재킷이나 오일드 재킷, 혹은 왁스드 코튼 재킷으로도 불리는 오일드 클로스 재킷은 주로 방수를 목적으로 겉면에 오일을 발라 왁싱 처리한 원단을 사용한 재킷을 말한다. 이 재킷은 '바버 재킷'이라고 불릴 만큼 영국의 바버 barbour 제품이 유명한데 스코틀랜드 출신의 존 바버가 항구에서 일하는 선원과 어부를 위해 만들면서 시작되었다. 공기는 흡수하면서 겉면에 오일을 발라 물과 습기를 차단하는 기능이 뛰어나 유명해졌다.

오일드 재킷은 재킷 표면에 왁싱 가공을 해서 방수성과 방풍성 등 소재의 기능성을 더욱 향상시킨 아이템으로 시간이 지나면서 유분이 빠져나가는 과정에서 독특한 멋이 생긴다. 주로 아우터에 사용하는 이 가공 기술은 비가 자주 내리는 기후에 적합하기 때문에 날씨 변화가 심한 영국이나 독일 등 유럽에서 발달했다. 시간이 많이 흘러 의복이 발전을 거듭하면서 기능적으로 더욱 뛰어난 제품이 개발되었지만 오일드 클로스 재킷 고유의 클래식한 멋까

Gentleman Image Tuning

지 동시에 채우기에는 많이 부족했다. 그렇기 때문에 오히려 오일드 재킷의 인기가 더 높아지고 있는 것이다. 단점이라면 실용성과 품질에 치중하다 보니 오일드 재킷을 생산하는 브랜드들의 제품은 입었을 때 몸에 딱 맞는 듯한 느낌이 덜하다는 것이다. 마운틴 파카와 M-65의 중간 포지션쯤에 해당하는 이 재킷은 오일 왁싱 처리가 남성미를 강하게 풍긴다.

+α 아우터 스타일링(outer styling)

아우터는 부피도, 가격도 만만하지 않기 때문에 다른 아이템에 비해 더 깐깐하게 골라야 한다. 그렇다고 해서 날마다 이것 하나만 걸치면 보는 사람도 지루하다. 다른 아우터를 더 구입하기 전에 스카프나 머플러를 더해 보자. 가볍게 두르는 것만으로도 드라마틱한 효과를 발휘하는 확실한 포인트가 될 것이다. 얼굴이 화사해 보일 뿐만 아니라 화려함을 더해 멋쟁이로 보이도록 유도하므로 활용도 만점이다.

오일 왁스드 재킷은 겉감 표면에 왁스 가공을 더해 방수성을 높였기 때문에 갑자기 비가 올 수 있는 야외 활동에 적합하다. 또 외부 공기가 유입되는 것을 막아주어 방풍성도 탁월하다. 바람을 막아주고 보온성도 높을 뿐만 아니라 묵직한 이미지까지 가져다준다. 따라서 오일 왁스드 재킷은 밀리터리 스타일이나 아웃도어 아이템으로서의 특성을 살리기에도 제격이다.

 그녀의 취향

빡빡한 도시 생활을 벗어나 야외 활동을 하고 싶은 오빠들의 탈출 욕구가 패션으로 표현되고 있는 건가? 주중이나 주말, 도심이나 관광지, 시간과 장소를 가리지 않고 여기도 등산복, 저기도 등산복. 난 요즘 정말이지 전 국민의 교복이 등산복이 된 게 아닌가 두려울 때가 있어. 내가 아무리 꺼려해도 이제는 아웃도어 패션이 일시적인 유행을 넘어 일상 깊숙이 파고들어 있다는 거 인정해. 하지만 반짝반짝 광이 나는 정장 구두를 신고, 현빈이나 장동건이 광고하는 점퍼를 걸쳤다고 안심하는 건 아니지? 오빠의 그 점퍼를 캠핑이나 등산, 낚시 등 특정 야외 활동에서만 입는 것이 아니라, 일상에서도 충분히 입을 수 있는 아웃도어 패션으로 승화시키려면 일단 워크 부츠나 마운틴 부츠처럼 투박해 보이는 신발을 신어야 해. 그런 다음에는 그 터프한 느낌의 신발에 어울리지 않는 정장 바지, 정통 재킷, 꽉 끼는 청바지 같은 아이템을 다 빼버리는 거야. 그래야 '출근 전 등산객'이 아닌 아웃도어 스타일을 연출한 게 된다고.

Styling A

기능성 웨어로 개발된 오일드 재킷을 스타일링 아이템으로 활용하려면 당연히 실루엣은 피트감이 있는 것이 좋다. 오일드 재킷의 길이도 안에 입은 재킷이 가려질 정도가 적당하다. 남색 재킷에 회색 바지 같은 스타일에도 잘 어울리는 오일드 재킷의 색은 단연 카키색이다.

Styling B

오일 왁스드 재킷의 대명사 바버 재킷은 최고급 이집트 면 위에 바버만의 특수 오일을 발라 왁스 코팅함으로써 통기성과 방수 기능을 보장한다. 별도의 세탁 없이도 1년에 한 번씩 왁스를 덧발라 제품의 수명을 늘릴 수 있기 때문에 평생 간직할 수 있는 아이템이다.

Casual Outer 6 Flight Jacket

플라이트 재킷

흔히 '에비에이터 재킷 aviator jacket'이라 말하는 이 재킷의 정식 명칭은 플라이트 재킷 flight jacket 혹은 보머 재킷 bomber jacket 이다. 제1차 세계대전 당시 대부분의 항공기에는 조종석 커버가 따로 없었기 때문에 조종사들을 따뜻하게 보호해줄 무언가가 필요했다. 그래서 영국 육군 항공대는 1915년부터 체온을 유지할 수 있도록 가죽으로 된 재킷을 입기 시작했는데, 이 스타일이 대중으로 확대된 것이 플라이트 재킷의 기원이다. 이렇게 파일럿의 방한을 목적으로 개발된 아이템이지만 현재는 멋을 아는 남자들을 위한 아이템으로 자리 잡았다. 플라이트 재킷처럼 밀리터리 아우터를 입고 밀리터리 스타일을 연출한다고 이너 inner 나 하의를 모두 국방색으로 맞춰 입으면 참전 용사처럼 보일 수 있으니 주의하자. 검은색과의 매치가 언제나 안전하고, 카키색과 대비를 이루는 화사한 색상을 매치하면 스타일리시하다.

Flight Jacket

파일럿 스타일을 상징하는 플라이트 재킷은 면바지나 청바지와 잘 어울리고 슈트와도 전혀 어색하지 않다. 좀 더 세련된 스타일을 원한다면 트위드 팬츠에 데저트 부츠를 신어 보자. 밀리터리 룩은 이렇게 투박한 느낌이 가미되어야 더욱 멋지게 보인다.

Casual Outer 7 Stadium Jumper

스타디움 점퍼

스타디움 점퍼 stadium jumper 는 원래 운동선수들이 방한용으로 경기 관람 중이나 준비 운동 시간에 유니폼 위에 입기 시작하면서 알려지게 되었다. 몸판은 두꺼운 멜턴 melton 원단으로, 소매는 가죽 등으로 소재를 다르게 사용하거나 가슴이나 등에 큼지막한 알파벳과 숫자를 장식하는 등 스포티한 인상이 강한 것이 특징이다. 물론 방한용이기 때문에 안감은 퀼팅으로 되어 있어 보온성도 높다. 운동선수들의 유니폼이나 캠퍼스 웨어 campus wear 정도로 입던 때는 선명한 컬러를 사용한 디자인이 많았지만 최근에는 패션 아이템으로서 무겁고 진한 컬러를 사용한 것도 많이 나와 있다. 너무 캐주얼하게 보이기 쉬운 스타디움 점퍼지만 배색을 차분한 컬러로 하고, 사이즈를 타이트하게 정돈하면 어른스러운 캐주얼 스타일로 완성할 수 있다.

경기장이나 운동장에서 입는 옷이라 하여 스타디움 점퍼, 그라운드 점퍼라 부르기 시작했지만 운동할 때 입으라고 만든 옷은 아니다. 패션 트렌드가 캐주얼에서 스포츠로 옮겨가면서 스타디움 점퍼가 패션 아이템으로 주목을 끌게 되었다. 아우터로만 생각하지 말고 카디건이나 패딩 점퍼 대신 활용해 보자. 개성 있는 스타일이 연출될 것이다.

Chapter 5. Shirt

1. 화이트 셔츠
2. 스트라이프 셔츠
3. 버튼다운 셔츠
4. 데님 & 샴브레이 셔츠
5. 체크 셔츠
6. 폴로셔츠
7. 티셔츠

Shirt 1 White Shirt

화이트 셔츠

남자의 옷장 속 아이템 중 단 한 가지만 입어야 한다면 바로 셔츠다. 계절에 상관없이 입을 수 있을 뿐만 아니라 비즈니스나 캐주얼 등 자리를 가리지 않고 언제 어디서나 입을 수 있는 아이템이기 때문이다. 그런 셔츠 중에서도 "남자의 패션은 화이트 셔츠로 시작해서 화이트 셔츠로 끝난다."는 말이 있을 정도로 화이트 셔츠는 남자들의 기본 중의 기본이다. 누구나 화이트 셔츠를 가지고 있지만 아무나 다 멋있지는 않다. 칼라나 커프스처럼 슈트 밖으로 드러나는 소소한 부분에서 셔츠 전체의 이미지, 그리고 그 옷을 입은 사람의 취향이 드러나기 마련인데, 많은 남자들이 이 부분을 간과하기 때문이다.

팔을 내리고 섰을 때 소맷부리에 흰색 커프스가 살짝 드러나면 전체적인 이미지가 깔끔해 보인다. 어두운색 슈트에 살짝 드러난 흰색 커프스는 스타일에 악센트를 부여한다. 화이트 셔츠를 입으면 화이트 컬러가 얼굴을 밝게 만드는 반사판 역할을 해서 어둡고 칙

Gentleman Image Tuning

칙한 피부를 환하게 보여주고 능력 있는 남자의 모습으로 변신시킨다. 원래 속옷이었던 셔츠는 그 심플한 구조 때문에 품질을 한눈에 알아볼 수 있다. 그러니 재봉 상태와 소재를 꼼꼼히 따져야 하는 까다로운 아이템이기도 하다. 셔츠는 슈트를 고를 때보다 높은 안목이 필요하다. 셔츠 하나만 바꿔도 마치 새 슈트를 입은 것 같은 느낌을 주기 때문이다. 전체적인 라인은 슬림하지만 더블 커프스 double cuffs 셔츠를 선택해 드레시하면서도 남성적인 느낌을 주는 것도 좋은 방법이다.

+α 커프스(cuffs) - 1

싱글 커프스는 기본적인 셔츠 소맷부리를 말한다. 한 겹이기 때문에 접어서 젖혀지는 부분이 없다. 모서리의 각을 둥글게 처리한 라운드 커프스, 모서리의 각을 비스듬히 잘라낸 커트웨이 커프스 등이 있다. 더블 커프스는 소맷부리를 접어 넘겨 이중으로 된 디자인으로, 프렌치 커프스라고도 한다. 소맷부리에 단추가 없고 양쪽에 단춧구멍만 있는 것은 커프스 버튼을 필요로 하는 굉장히 포멀한 디자인이다.

셔츠의 품은 너무 크지 않고 약간 슬림해야 하고, 길이는 움직일 때 셔츠가 밖으로 나오지 않도록 허리 아래로 15cm 정도 내려오는 것이 적당하다. 소매를 접기 편하도록 아래쪽 중간에 단 단추는 소매를 말아 올리지 않을 때는 반드시 채워야 한다. 포켓이 없는 드레시한 셔츠는 포멀한 클래식 룩에, 포켓이 있다면 셔츠 하나만 입어도 괜찮다. 그렇다고 해도 셔츠의 포켓에는 아무것도 넣지 않는 것이 기본이다.

 그녀의 취향

슈트 차림에 기본이 되는 셔츠 색상은 화이트와 블루라는 건 오빠도 잘 알고 있을 거라고 생각해. 여기서 말하는 블루는 한없이 투명에 가까운, 즉 멀리 떨어져 있으면 흰색으로 보일 정도의 옅은 스카이 블루여야 해. 90년대 드라마 속 주인공이 입고 나와 유행했던, 전직 교통경찰 제복 같은 진한 파란색은 보수적으로 보이니까 떠올리지 말고. 스카이 블루 셔츠는 실제로 화이트 셔츠보다 슈트와 소품, 그리고 헤어 컬러와도 잘 조화되기 때문에 멋쟁이 남자들이 선호하는 셔츠지. 오빠에게 강력하게 추천하는 그레이 슈트에도 하늘색 셔츠를 입으면 넥타이는 고민하지 않아도 될 만큼 어떤 색이라도 깔끔하게 잘 어울려. 이 두 색깔은 이미 갖고 있으니까 다른 색깔의 셔츠를 추천해 달라고? 음, 색깔 있는 셔츠를 입었다고 절대 색깔 있는 남자로 보이지 않는다는 거 명심해. 색깔이 아니라 성깔 있는 남자로 보일 수도 있어. 오빠의 색에 대한 욕망은 흰색 바탕에 연한 스트라이프 색으로 풀어 보는 게 어떨까? 세련됨은 내가 보장할 테니까.

클래식한 드레스 셔츠에는 원래 주머니를 달지 않는다. 주머니를 다는 것은 버튼다운 셔츠 같은 스포티한 셔츠에서이다. 드레스 셔츠의 단추는 보통 7개인데, 맨 위와 두 번째 단추의 간격은 6cm, 두 번째와 세 번째 단추는 7cm, '플래킷(placket)'이라고 부르는 단추가 달린 덧단의 폭은 3.3cm가 기본이다. 너무 두꺼운 플래킷이 달린 셔츠에는 넥타이를 매지 않는다.

3곳, 슈트 상의의 양 소맷부리와 깃 뒤에서 1~1.5cm 정도의 셔츠가 보이는 것이 슈트 스타일의 기본이다. 1cm, 1.5cm는 개인의 취향껏 선택해도 괜찮다. 셔츠가 조금이라도 보여야 한다는 것이 중요하다. 셔츠는 뒤에서 보았을 때 살짝 역삼각형의 실루엣을 이루는 것이 가장 이상적이다. 어깨는 뒷모습의 맵시를 결정짓는 중요한 곳이다. 셔츠가 어깨뼈에 가볍게 닿을 정도의 사이즈가 적당하다.

Shirt 2 Stripe Shirt

스트라이프 셔츠

화이트 셔츠와 블루 셔츠를 갖춘 다음에 도전할 것은 다름 아닌 스트라이프 셔츠 stripe shirt 이다. 셔츠에 많은 세로 스트라이프 무늬가 있다면 대나무를 쪼갠 것 같은 깔끔한 느낌을 주는데, 지적이고 일 잘할 것 같은 남자의 이미지를 주기에 부족함이 없다. 선이 가는 것과 굵은 것이나 파랑, 빨강, 노랑, 녹색 등 색과 두께가 다른 선들은 재킷 안에서 선명한 포인트가 된다.

그중 누구나 쉽게 활용하기 좋은 건 블루 스트라이프 셔츠 blue stripe shirt 이다. 여러 색이 섞여 있는 멀티 컬러 스트라이프 multi-color stripe 나 굵고 진한 스트라이프는 블루 스트라이프 셔츠를 충분히 즐긴 후에 입어도 늦지 않다. 블루 스트라이프 셔츠는 네이비 슈트나 그레이 슈트, 어느 쪽에도 다 잘 어울린다. 네이비 슈트 안에 매치하면 빈틈없이 완벽하고 깨끗한 비즈니스 차림을 연출할 수 있고, 그레이 슈트 안에 입으면 야무지고 차분한 느낌으로 완성된다. 또 데님 팬츠나 치노 팬츠 chino pants 와 함께 입으면 경쾌한 인상으로

Gentleman Image Tuning

바뀌어 캐주얼한 스타일로도 활용하기 좋은 아이템이다. 이처럼 블루 스트라이프 셔츠는 어떤 스타일과도 잘 어울리기 때문에 스타일링의 활용 범위가 넓다. 뿐만 아니라 셔츠 깃의 모양, 셔츠의 무늬나 색, 넥타이의 무늬나 색, 매듭까지 가리지 않는다. 만약 셔츠 하나로 다부지고 강직한 인상을 전달하고 싶다면 스트라이프 셔츠에서 그 답을 찾으면 된다. 화이트와 블루 셔츠에서 느껴보지 못한 신선하고 강렬한 스트라이프 패턴의 매력에 빠져 보자.

+α 커프스(cuffs) – 2

턴 백 커프스는 소매가 접히는 커프스를 말한다. 프렌치 커프스와 비슷한 것 같지만 턴 백 커프스는 커프스 버튼이 없어도 된다. 신경 써서 만든 셔츠에서 많이 사용되는 매우 세련된 디자인이다. 투 버튼 커프스는 소매 커프스에 단추가 세로로 2개 달린 형태로 손목을 빈틈없이 조일 수 있는데, 단추가 2개인 만큼 평상시 약간 불편할 수도 있다.

Blue Stripe Shirt

상쾌한 느낌의 블루 스트라이프와 깨끗한 화이트 칼라가 캐주얼한 느낌을 주면서도 고급스러운 이미지를 가져다준다. 이런 이유에서 셔츠와 칼라를 분리한 클레릭 셔츠에서는 유독 스트라이프가 자주 활용된다. 화이트의 칼라와 커프스가 한층 돋보여서 다른 셔츠보다 단정해 보인다.

 그녀의 취향

셔츠의 칼라, 즉 깃은 셔츠의 얼굴이라고 할 수 있어. 셔츠가 포멀한지 캐주얼한지가 이 칼라 모양에 따라서 결정되거든. 이 중요한 걸 유행에 따르는 남자들이 많은데 오빠는 아닐 거라 믿어. 셔츠의 깃은 유행보다 얼굴형과 체형에 맞추는 게 정석이야. 셔츠 칼라 모양만 잘 골라도 성숙해 보이는 긴 얼굴이 다소 짧아 보이는가 하면, 보름달처럼 둥근 얼굴도 샤프하게 보인다니까. 그러니 이제부터 셔츠를 고를 때는 오빠 얼굴형과 반대되는 칼라 모양을 골라 봐. 둥근 얼굴형이라면 뾰족한 포인트 칼라를 고르고, 긴 얼굴이라면 각도가 많이 벌어진 스프레드 칼라로 고르면 돼. 목이 길면 단추가 2~3개 있는 하이넥 칼라도 괜찮지만, 목이 짧은데 유행이라고 이런 셔츠를 입으면 목이 셔츠 안으로 파묻히기 때문에 둔한 인상을 준다고. 오빠, 유행했던 셔츠 중에서 내가 가장 참을 수 없었던 셔츠가 뭐였는지 알아? 새하얀 셔츠 깃에 색실로 바늘땀이 놓여 있던 셔츠야. 뭐 말하는지 알지? 아직 갖고 있으면 이젠 버려줘.

서로 다른 굵기와 3색 이상의 색이 섞인 멀티 스트라이프 셔츠는 약간 캐주얼한 인상을 주지만 너무 강하지 않은 패턴을 선택하면 차분하면서 세련되어 보인다. 여기에 페이즐리 타이를 더하면 셔츠의 분위기를 압도하는 중후한 느낌이 가득한 스타일로 완성할 수 있다.

블루 스트라이프 셔츠에 셔츠보다 어두운 블루 타이를 맞추면 차분함이 나온다. 광택이 있고 톤이 밝은 타이라면 캐주얼한 인상으로 마무리된다. 또 블루 스트라이프 셔츠를 네이비 슈트에 맞추면 약간 캐주얼한 분위기가 연출된다. 반대로 그레이 슈트와 매치하면 야무지고 차분한 느낌을 가져다준다.

Shirt 3 Button-down Shirt

버튼다운 셔츠

깃의 끝을 단추로 채워 놓은 버튼다운 셔츠 button-down shirt는 원래 1920년대 영국의 폴로 polo 경기에서 입던 유니폼 셔츠가 그 시작이었다. 깃이 펄럭거리지 않도록 셔츠 칼라를 셔츠에 고정시켰던 것에서 착안되었는데, 이런 유래만 봐도 버튼다운 셔츠는 원래 스포티한 느낌이 강한 셔츠라는 것을 알 수 있다. 격식과 가장 거리가 먼 칼라이니 만큼 스포츠 재킷이 아닌 드레시한 옷을 매치하면 곤란하다. 다시 말해서 더블 브레스티드 슈트나 격식을 갖추어 입은 블랙 슈트 black suit, 포멀한 정장, 다크 슈트 같은 클래식한 스타일에는 절대 매치하면 안 된다는 뜻이기도 하다.

버튼다운 셔츠에 타이를 매고 입을 수 있는 재킷은 블레이저를 제외하면 유일하게 트위드 재킷 정도다. 트위드 재킷은 원래 영국에서 사냥이나 낚시를 할 때 입던 대단히 캐주얼한 성격이 강한 옷이기 때문이다. 그러나 비즈니스 캐주얼이나 여름철 쿨 비즈니스 룩에서 타이를 매지 않는 스타일을 연출할 때라면 필수 아이템이

Gentleman Image Tuning

라 할 수 있는 것이 버튼다운 셔츠다. 멋스러운 노타이 no tie 스타일을 결정하는 포인트는 칼라가 얼마나 맵시 있게 서 있는가에 달려 있는데, 이 셔츠는 깃이 절대 무너지지 않는다. 또 요즘 버튼다운 셔츠의 캐주얼한 느낌을 보완한 스냅다운 셔츠 snap-down shirt 가 많이 보이는데, 이것은 버튼다운 셔츠처럼 깃에 단춧구멍을 뚫지 않고 깃의 뒤와 몸판에 똑딱단추를 달아 깃의 형태를 깔끔하게 정리하는 것이 특징이자 장점이다.

+α 노타이 스타일(no tie style)

노타이 스타일은 셔츠의 옷깃이 빳빳하게 서 있어야 품격 있게 보인다. 따라서 클레릭 셔츠 cleric shirt(몸판은 줄무늬나 색깔이 있는 무지에 깃이나 소매 커프스만 흰색으로 단 셔츠)나 듀엣 버튼 셔츠(깃을 더 높이 세울 수 있도록 높은 칼라 밴드에 단추가 2개 달린 셔츠) 등도 노타이 스타일을 멋지게 연출해준다.

Chapter 5. Shirt

Button-down Shirt

 그녀의 취향

TV 속 남자 배우가 단추를 풀면 섹시한데, 누구는 단추를 풀면 조폭 같아 보이는 이유는 가슴 근육의 차이가 아니야. 배우들은 풀었다 채웠다를 반복하며 수많은 연구 끝에 자신만의 스타일을 찾은 것뿐이니 좌절하지 말자고. 셔츠의 버튼을 풀지 어떨지는 셔츠 깃의 형태에 따라서 결정된다는 거 몰랐지? 이렇게만 하면 오빠도 충분히 섹시 가이로 변신할 테니까 꼭 기억해둬.

좁고 작은 깃은 맨 위 단추까지 꼭꼭 채워주는 것이 좋아. 어딘가 멋스럽고 샤프한 인상으로 보일 거야. 버튼다운은 첫 번째 단추를 풀어야 자연스럽게 품위 있는 캐주얼함을 연출할 수 있어. 깃이 넓은 와이드 칼라라면 두 번째 단추까지 풀어야 오빠의 쿨함과 터프함을 강조할 수 있을 거야. 부담스러울 정도로 풀어헤치거나 번쩍이는 금목걸이가 먼저 눈에 띄면 동네 양아치로 보일 뿐이니 주의해야 돼.

단추를 푸는 기준은 앞섶이 자연스럽게 벌어져 속살이 살짝만 보이는 게 포인트야. 이 정도가 은근히 섹시하게 보인다니까.

Styling A

버튼다운 셔츠는 캐주얼 셔츠의 기본 중의 기본이다. 조직이 촘촘하고 두께가 도톰한 옥스퍼드 원단으로 만들어진 것이 가장 버튼다운 셔츠답다고 할 수 있다.

Styling B

비즈니스 캐주얼로 뭘 입어야 할지 모르겠다면 버튼다운 셔츠면 된다. 타이나 재킷이 없이도 깔끔하고 단정하게 보이기 때문에 남자의 기본 아이템이다.

Shirt 4 Denim & Chambray Shirt

데님 & 샴브레이 셔츠

흰색이나 하늘색 같은 비즈니스 셔츠만으로는 개성을 드러내기 어렵다는 생각이 들 때 화려한 컬러나 체크무늬 셔츠에 눈길이 가게 된다. 그러나 기본적이고 단순한 셔츠로도 충분히 개성과 감각을 표현할 수 있다. 바로 소재에 주목하는 것이다. 어른스럽게 캐주얼한 인상을 주고 싶다면 데님 셔츠 denim shirt나 샴브레이 셔츠 chambray shirt면 된다. 각을 잡아 다림질 하지 않아도 될 것 같은 이 셔츠를 비즈니스 스타일에 더하면 여유 있고 창의적인 느낌을 줄 수 있다.

같은 블루라고 해도 보통의 블루 셔츠는 비즈니스 이미지가 강해 딱딱하고 차가운 인상을 주기 쉽지만, 데님이나 샴브레이 셔츠라면 여유 있는 남자의 캐주얼한 느낌을 연출하기에 안성맞춤이다. 데님 셔츠는 그 이름대로 데님으로 만들어진 셔츠이다. 디자인은 웨스턴 셔츠 western shirt 와 비슷하고, 어깨의 요크 yoke나 스냅 버튼 snap button 등이 특징이다. 데님이기 때문에 당연히 색이 빠지는 것

Gentleman Image Tuning

도 즐길 수 있다. 프랑스 북부 지방인 캉브레 chambrai 의 지명에서 유래한 샴브레이 셔츠는 한때 노동자나 미국 해군 수병이 입던 옷으로, 두 가지 색이 촘촘하게 교차돼 오묘한 느낌을 준다. 얼핏 보면 희끗희끗한 데님 셔츠 같기도 하다. 데님 셔츠보다 가볍고 통풍이 잘되며 드레시한 분위기도 가지고 있어 슈트와도 잘 어울린다. 데님과 샴브레이 셔츠는 드레스 셔츠나 버튼다운 셔츠와 소재만 다를 뿐이다. 이처럼 소재만 바꾸어도 평범해 보이는 비즈니스 셔츠에 개성을 부여할 수 있다.

+α 요크(yoke)

셔츠의 뒤판에서 어깨 윗부분을 다른 천으로 덧댄 부분을 말한다. 몸통 부분과 깃, 소매를 연결하여 보강하고 착용감을 좌우하는 부분이다. 입체적인 둥근 곡선과 팔의 움직임에도 영향을 주기 때문에 입었을 때 셔츠 전체의 느낌을 지탱한다. 면적이 좁을수록 드레시하다.

Denim Shirt

어떤 룩에서도 고유의 개성을 잃지 않고 근사한 멋을 뽐내는 샴브레이 셔츠와 데님 셔츠는 이미 소재 자체가 캐주얼한 인상을 준다. 비즈니스 자리에서도 활용하고 싶다면 거친 느낌보다는 부드러운 감촉이 느껴지는 것을, 디자인이 지나치게 캐주얼한 것보단 베이식한 것을 고르는 편이 좋다.

Chambray Shirt

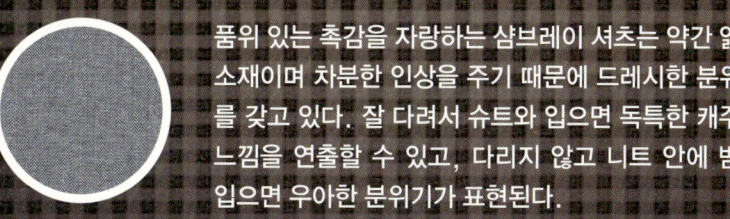

품위 있는 촉감을 자랑하는 샴브레이 셔츠는 약간 얇은 소재이며 차분한 인상을 주기 때문에 드레시한 분위기를 갖고 있다. 잘 다려서 슈트와 입으면 독특한 캐주얼 느낌을 연출할 수 있고, 다리지 않고 니트 안에 받쳐 입으면 우아한 분위기가 표현된다.

Shirt 5 Check Shirt

체크 셔츠

체크 셔츠 check shirt 는 아메리칸 캐주얼의 플란넬 셔츠 flannel shirt 이미지가 강하지만 사실 체크 원단을 사용한 셔츠 전체를 가리킨다. 체크 셔츠는 캐주얼한 스타일로 연출하고 싶을 때 안성맞춤이라고 할 수 있다. 걸치는 순간 젊어 보이는 마법 같은 아이템이어서 활발하고 생기 있는 자신을 표현하기 쉽다. 그러나 체크의 크기, 하의나 이너와의 색 조합, 사이즈, 옷 길이와의 밸런스, 소재 등을 고려하지 않으면 자칫 혼란스럽고 유치하게 보일 수도 있으니 스타일링에 주의를 기울여야 하는 셔츠이기도 하다.

그런 실수를 피하려면 체크에 들어 있는 색 중 어두운색을 골라 재킷이나 팬츠에 사용해 묵직하게 중심을 잡아주자. 너무 눈에 띄지 않고 품위 있게 연출할 수 있다. 눈에 띄는 경쾌한 컬러의 체크 셔츠라고 해도 팬츠와 벨트를 어두운 톤으로 통일해 강약을 조절하면 젊고 활발한 인상을 어른스럽게 연출할 수 있다. 또 체크 셔츠를 겉옷처럼 걸치기 위해 큰 사이즈를 입는 사람들이 많은데,

Gentleman Image Tuning

어깨가 처지고 허리가 어딘지 구분되지 않아 나이 들고 뚱뚱한 아저씨로 보이기 쉽다. 체크 셔츠도 몸에 딱 맞는 사이즈가 한결 날씬하게 보이고, 셔츠 자락은 바지 안으로 넣어서 입는 게 훨씬 드레시하고 단정하게 보인다. 자연스럽게 소매를 걷어 올리면 감각 있는 남성미를 강조할 수 있다. 무지 셔츠 다음이 스트라이프 셔츠, 그 다음은 체크 셔츠가 남자가 갖추어야 할 셔츠의 순서이다.

+α 플란넬 셔츠(flannel shirt)

플란넬은 소박한 느낌이 매력인 영국산 울 원단이다. 기모 소재라 불리는 플란넬은 가볍고 부드러워 촉감이 좋고, 표면에 솜털이 있어서 보온성을 갖춘 것이 특징이다. 무지 외에 체크무늬 등 여러 가지 무늬를 사용해 다양하게 쓰이지만 스포티한 느낌이 있기 때문에 슈트보다는 셔츠와 같은 단품에 활용하는 것이 고급스럽게 보인다.

Gingham Check

깅엄 체크(gingham check)
흰색과 다른 한 가지 색이 섞인 격자무늬를 말한다. 동일한 간격의 작은 사각형 격자무늬가 기본인 깅엄 체크는 색깔의 농담을 활용해 리듬감을 만든다. 컬러 배색이 뚜렷한 격자무늬이기 때문에 캐주얼한 느낌의 셔츠에 주로 사용된다.

Miniature Check

미니어처 체크(miniature check)
눈금이 가장 작은 격자무늬를 말한다. 미세한 격자무늬로 보통 핀헤드 체크(pinhead check), 타이니 체크(tiny check), 스몰 체크(small check)를 합쳐서 모두 미니어처 체크라 부르기도 한다.

Madras Check

마드라스 체크(Madras check)
인도 마드라스 지방에서 나온 격자무늬를 말한다. 보통 수평선은 좁고 가늘며 수직선은 굵고 넓어 수직 모양이 강조된 체크이다. 여러 가지 색깔이 골고루 사용되며 주로 봄여름용 면 소재에 많이 쓰인다.

Tattersall Check

태터솔 체크(tattersall check)
두 가지 색의 서로 다른 격자무늬가 번갈아 놓인 격자무늬를 말한다. 두 가지 색이 번갈아 나오는 줄무늬를 '태터솔 스트라이프'라고 부르는데, 런던의 마시장인 태터솔에서 쓰던 모포에서 유래된 명칭으로 '승마격자'라고도 한다.

타탄체크(tartan check)

스코틀랜드에서 가문의 문장으로 사용했던 전통적인 격자 무늬를 말한다. 체크가 2중, 3중으로 겹치며 복잡한 무늬를 만든다. 빨강과 검정이 섞인 타탄체크가 가장 일반적이지만 검정과 녹색이 중심인 '블랙 워치 타탄', 갈색을 중심으로 한 '브라운 워치 타탄' 등 다양한 종류가 있다.

 그녀의 취향

배를 가려 보겠다는 절체절명의 위기의식으로 모든 셔츠란 셔츠는 밖으로 빼내 입는다는 현실은 잘 알겠어. 그런데 한 번 생각해 보자고. 그렇게 빼내서 입으니 남들 눈에도 오빠 배가 들어가 보였을까? 아니. 그보다 상체가 길어 보여서 다리만 짧아 보였어. 오히려 피트감이 좋은 셔츠를 바지 안으로 잘 넣어 입었을 때 배가 덜 나와 보인다는 사실을 몰랐던 거지. 물론 셔츠의 종류에 따라서 자연스럽게 집어넣지 않고 입어야 하는 셔츠도 있어. 밖으로 빼서 입을 수 있는 셔츠는 아래가 직선으로 잘리고 엉덩이 아래로 내려오지 않는 캐주얼 셔츠, 피케 셔츠, 폴로 니트 셔츠, 몸에 잘 맞는 티셔츠 등이야. 이 외의 셔츠 밑단이 곡선으로 처리되어 있는 셔츠는 모두 안으로 넣어 입어야 하는 거고. 그리고 무엇보다 셔츠를 바지 안으로 넣을지 말지 결정할 때 가장 중요한 건 셔츠의 품이지. 바지 안으로 넣을 때 셔츠 품이 크면 상체만 너무 커 보여 얻어 입은 느낌이 들어. 또 반대로 품이 너무 작으면 진짜로 없어 보이니까 주의해야 해.

Shirt 6 Polo Shirt

폴로셔츠

스포츠 룩을 위해 탄생한 폴로셔츠 polo shirt 는 프랑스의 프로 테니스 선수 르네 라코스테 rene lacoste 가 고안한 옷이다. 오톨도톨한 벌집 모양으로 직조되어 통풍과 흡습성이 뛰어난 피케 코튼 pique cotton 으로 만들어진 게 많아 '피케 셔츠 pique shirt' 라고도 한다. 통기성 있는 피케 소재와 포멀한 칼라, 강인한 어깨를 강조하는 실루엣은 라운드넥이나 브이넥 V neck 티셔츠에 비해 남자들의 실용성과 스타일을 만족시키기에 충분하기 때문에 남자들의 여름철 필수 아이템으로 자리 잡았다.

색깔만 다를 뿐 단추 3개에 깃이 달려 있고, 앞판과 뒤판, 소매로 구성되어 있는 폴로셔츠는 다 똑같다고 생각한다면 오산이다. 이 기본 디자인 안에서 다양한 컬러와 디테일로 남자의 매력을 표현할 수 있어야 한다. 어떤 장소에서는 어떤 색깔의 옷을 입어야 하는지, 단추를 몇 개 채워야 하는지 아니면 안 채워야 하는지, 깃을 세울지 안 세울지, 밑단 처리는 어떻게 하는지 등으로 그 남자의

Gentleman
Image Tuning

취향이 드러난다. 또 폴로셔츠를 입을 때 요란한 스타일링은 금물이다. 시선을 끄는 포인트는 한 가지로 심플하게 연출하는 것이 폴로셔츠를 입고 품격을 살리는 방법이다. 폴로셔츠는 심플한 것 같지만 알고 보면 숨은 재미가 있는 아이템이다. 가슴에 새겨진 브랜드의 아이콘, 양쪽 소매에 그려진 숫자와 알파벳 그리고 깃을 세우면 숨어 있던 무늬가 나타나는 것도 있다. 폴로셔츠에 재킷을 입으면 보다 가벼운 느낌을 주고 티셔츠를 입는 것보다 훨씬 단정해 보인다.

+α 넣어 입는 셔츠

셔츠를 바지 바깥으로 꺼내서 입을 수 있는 셔츠는 셔츠의 밑단이 직선으로 재단되어 있고 엉덩이 아래로 내려오거나 늘어지지 않는 캐주얼 셔츠나 니트 셔츠, 니트 폴로셔츠, 몸에 딱 맞는 티셔츠뿐이다. 그 외 밑단이 곡선으로 처리되어 있는 셔츠 등은 반드시 바지 안으로 넣어 입어야 단정하게 보인다. 폴로셔츠도 밑단이 엉덩이 아래까지 내려간다면 언제나 바지 속에 넣어 입어야 한다.

폴로셔츠를 입는 이유 중 하나는 캐주얼 스타일에 격식을 더하기 위해서이다. 따라서 요란한 스타일링은 금물이다. 컬러 포인트도 한 가지면 충분하고, 패턴도 한 아이템에만 적용하는 것이 품위 있게 보인다. 액세서리를 하고 싶다면 하나로 포인트를 주면 충분하다. 폴로셔츠도 헐렁한 사이즈는 빈약해 보이거나 후줄근해 보인다. 단단한 어깨와 팔뚝이 부각되도록 딱 맞는 사이즈를 골라 타이트하게 입어야 남성미가 강조된다.

 그녀의 취향

폴로셔츠라고 하면 여름에 입는 반팔 셔츠만 생각하는데, 내가 오빠에게 추천하고 싶은 폴로셔츠는 넥밴드 neckband가 붙어 있는 흰색 긴팔 폴로셔츠야. '비즈니스 폴로셔츠'라고도 불리는 이 셔츠는 깃이 서 있기 때문에 넥타이 착용도 가능해. 일반 폴로셔츠는 넥밴드가 없어서 재킷을 걸치면 깃이 누워서 묻혀 버리잖아. 하지만 이 비즈니스 폴로셔츠는 재킷과 함께 입거나 단추를 풀고 입었을 때도 깃이 깔끔하게 서 있으니 훨씬 세련된 인상을 준단 말이야. 그리고 소매도 일반 폴로셔츠처럼 고무 밴드가 아니라 커프스라 품위 있게 보여. 얼핏 보면 폴로셔츠가 아닌 일반 드레스 셔츠처럼 보이지만 피케 소재이기 때문에 땀을 흘려도 피부에 달라붙지 않고, 통기성과 흡수성이 뛰어나지. 게다가 주름이 잘 생기지 않고, 세탁기에 막 돌려서 입어도 되고, 다림질 없이 입어도 되는 게 큰 장점이야. 이 셔츠라면 일 년 내내 입을 수 있어. 여유가 있다면 흰색 다음으로 남색이나 회색도 갖춰두면 여기저기 받쳐 입기 좋을 거야.

Shirt 7 T-shirt

티셔츠

이너로 활용하거나 티셔츠 한 장만으로도 간단하게 스타일링을 마칠 수 있는 라운드넥 round neck 의 흰 티셔츠는 누구나 가지고 있는 아이템일 것이다. 미국 해군의 군수용품이었던 이것에 현대식 반소매 티셔츠가 등장한 것은 1913년으로 전해진다. 그 당시 소재는 얇은 울이었다. 티셔츠 소재에 면을 사용한 것은 2차 세계대전 때로, 이 또한 미국 해군이었다. 무더위 속에서 전투하던 육군도 티셔츠를 입기 시작했는데, 면제품 티셔츠가 겨드랑이의 땀을 흡수하고 햇볕에 타는 것을 방지함은 물론 중장비의 배낭을 등에 지는 데도 매우 좋았기 때문이다. 또 색깔이 들어간 티셔츠는 2차 세계대전 때 미국 육군이 처음으로 입었다고 한다. 흰색이 적의 표적이 되기 쉬웠기 때문이다. 전쟁 후에 병사들이 고향으로 가지고 돌아가서 점퍼나 스웨터 밑에 입는 내의로 애용하면서 티셔츠는 미국 전역으로 확산되었다.

Gentleman Image Tuning

티셔츠는 내의에서 겉옷으로 진화했음에도 불구하고 아직까지도 내의 역할까지 떠맡고 있는 복식사상 매우 드문 의복이다. 기능성이 뛰어나고 코디네이트하기 쉽고, 메시지를 적을 수 있다는 점 등을 이유로 대중을 끌어들인 세계적인 의복으로 복식사에 전해진다. 티셔츠는 다양한 네크라인neckline을 가지고 있기 때문에 디자인, 패턴, 색상 등을 잘 따져 자신의 얼굴형과 체형에 어울리는 것을 입었을 때 티셔츠만으로도 스타일링이 가능해진다.

+α 네크라인(neckline)

라운드보다 좁은 둥근 형태의 크루넥은 비교적 노출이 적어 단정하고 깔끔하게 보인다. 크루crew는 '배의 승무원'이라는 의미로 그들이 자주 입는 스웨터에서 유래되었다. U넥은 알파벳 'U'자 모양의 네크라인으로 목 주위가 크게 파여서 여유로운 모습이 멋스럽게 보인다. 또 알파벳 'V'자 모양의 네크라인인 브이넥은 직선적이고 샤프한 인상을 연출할 수 있다. 파임이 지나치지 않은 적당한 것을 선택하면 남자다움과 섹시함을 동시에 보여줄 수 있다.

바스크 셔츠(basque shirt)
바스크 셔츠는 프랑스와 스페인의 경계에 있는 바스크 지방 선원들이 입었던 스트라이프 셔츠를 가리킨다. 대부분 보트네크라인으로 목 부분이 얕고 길게 파여 있고, 가로줄 무늬가 티셔츠 전체에 새겨져 있어 세련되고 지적인 느낌을 주기 때문에 멋쟁이들의 필수 아이템이다. 흰 바탕에 네이비 스트라이프가 들어간 바스크 셔츠는 네이비 재킷과 함께 머린 룩을 연출할 때 유용하게 쓰여 왔다.

헨리넥 셔츠(henry neck shirt)
티셔츠 한 장으로 심플하고 멋진 룩을 완성하고 싶다면 클래식함과 캐주얼한 느낌을 동시에 지닌 헨리넥 티셔츠가 정답이다. 헨리넥은 런던에서 열리는 조정 경기 '헨리 로열 레가타' 선수들의 유니폼에서 유래한 아이템이며 단추를 풀거나 채우는 것으로 분위기가 달라진다. 네크라인 앞부분의 단추를 한두 개 풀면 여유 있는 느낌은 물론 터프한 인상까지 더할 수 있다.

Styling A

어깨가 좁고 마른 체형이라면 흰 바탕에 줄무늬가 가슴 선부터 시작하는 바스크 셔츠를 골라야 체형을 보완해준다. 몸집이 크다면 얇은 소재에 잔 줄무늬가 전체에 퍼져 있는 것이 멋지다. 목이 짧은 체형이라면 보트네크라인은 피하고, 어느 정도 파인 라운드 네크라인이 보는 사람도 편하다.

 그녀의 취향

오빠 나이 어느덧 불혹이라면 티셔츠의 유혹에 흔들리면 안 돼. 미안한 말이지만 아무리 오빠가 몸매에 자신이 있다고 해도 청바지에 흰 티셔츠 한 장만 걸쳐도 멋지게 보일 나이는 이미 지났어. 하물며 티셔츠 밖으로 나잇살까지 삐져나오면 누가 봐도 그건 속옷이야. 그리고 나이를 먹으면 아무리 막강 동안이라고 해도 목주름이나 기미 등이 생기거든. 이런 것들은 평소에 관리한다고 해서 개선할 수 있는 게 아니야. 그런데 얼굴은 고려하지 않은 채 아직 청춘인 오빠의 마음만 티셔츠 한 장에 담아 입으면 얼굴이랑 밸런스가 안 맞아 늙은 아저씨로 보이기 쉬워. 그러면 어떻게 하냐고? 티셔츠 한 장만 입고 후줄근한 인상을 주고 싶지 않다면 바스크나 헨리넥 같은 클래식한 걸 입으면 돼. 그렇다고 몸매를 완전히 드러내거나 너무 얇은 건 안 되고, 입었을 때 고급스러움이 묻어나는 소재로, 그러니까 적당히 타이트한 실루엣과 두께 있는 원단, 그리고 깔끔한 디자인을 갖춘 티셔츠라야 누가 보더라도 티 쪼가리로 보이지 않을 거야.

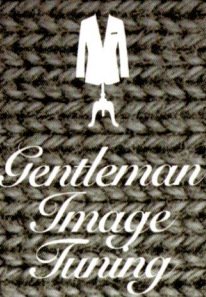

Chapter 6. Knit & Vest

1. 니트
2. 스웨터
3. 카디건
4. 터틀넥
5. 베스트
6. 니트 베스트
7. 패딩 베스트

Knit & Vest 1 Knit

니트

니트knit를 짜는 방식에는 듬성듬성 짜인 느슨한 피트로 클래식한 이미지를 주는 '로 게이지low gauge'와 촘촘하게 짜인 타이트한 피트로 세련된 인상을 주는 '하이 게이지high gauge'가 있다. 니트웨어knit wear를 입기 전에 먼저 알아두어야 하는 것은 게이지인데 1인치, 즉 2.54cm 안에 들어가는 뜨개코의 평균 밀도를 나타낸 것이다. 1인치 안에 짜임이 10개 이상이면 하이 게이지라고 부르는데 우아한 인상을 주며, 섬세하고 자연스러운 주름이 만들어내는 고급스러운 분위기가 특징이다. 그리고 5개 이하를 로 게이지라고 하는데 여유로운 느낌을 주고, 자유롭고 넉넉한 분위기가 특징이다.

짜임이 촘촘한 하이 게이지 니트는 이너 웨어inner wear로 활용하기 좋고, 두꺼운 실로 듬성듬성 성기게 짠 로 게이지는 아우터로 활용하기 좋다. 하이 게이지 니트 중에서 특히 추천하고 싶은 것은 14~30게이지 정도의, 상당히 얇아서 피부처럼 느껴지는 니트이다. 맨살에 입어도 따끔거리는 느낌이 없이 매끄러울 뿐 아니라,

Gentleman Image Tuning

이 정도의 게이지야말로 레이어드 룩 연출을 위해 겹쳐 입기에도 편리하다. 로 게이지 니트라고 해도 몸에 딱 맞는 사이즈가 아니면 후줄근해서 나이 들어 보이기 쉽다. 살짝 소매를 걷어 올려 입으면 섹시하게 연출할 수도 있다. 이처럼 니트는 실루엣에서 스타일이 나온다. 반드시 입어 보고 몸에 잘 맞는 것을 선택해야 품위 있고 여유롭게 보이는 스타일을 연출할 수 있다.

+α 서머 니트(summer knit)

니트는 가을이나 겨울의 추운 날씨에만 입는 옷이 아니다. 특히 로 게이지로 짠 서머 니트 summer knit 는 오히려 통풍이 잘 돼서 시원하다. 느슨한 니트 한 장만 걸쳐도 여유롭게 보이고, 티셔츠나 셔츠 위에 얇은 니트를 걸치면 단정한 인상을 주며, 니트에 니트를 더하면 포근하고 따뜻한 남자로 손쉽게 변신이 가능하다. 니트야말로 사계절 활용이 가능한 아이템이다.

니트 특유의 포근함에 볼륨 있는 두께가 남성적인 매력을 더하는 로 게이지 니트 아우터는 늦가을에서 초겨울까지 널리 활용되는 아이템이다. 한 벌로도 근사한 스타일링이 손쉽게 완성되고, 아우터와 이너로 동시에 활용 가능해 레이어드가 쉽다는 게 큰 장점이다. 촉감이 부드럽고 풍겨 나오는 분위기까지 고급스러운 하이 게이지 니트는 인상을 부드럽게 해주는 최상의 이너 웨어 아이템이다. 약간 얇은 질감이 특징이며 깔끔하고 세련된 인상을 갖다준다.

 그녀의 취향

사실 니트로 가장 좋은 소재는 캐시미어야. 가볍고 따뜻하고 부드럽다는 이상적 조건을 모두 갖추고 있거든. 또 은은하게 흐르는 윤기와 손끝에 닿는 순간 느껴지는 포근하고 부드러운 감촉이야말로 캐시미어, 캐시미어 하는 이유이기도 하지. 고급스러움이 특징인 만큼 다른 소재가 표현할 수 없는 품격이 있어. 오빠의 분위기를 완전히 바꿔줄 수 있는 아이템이지. 캐시미어는 원래 인도 카슈미르 kashmir 지방의 산양털로 만든 천인데 스웨터 한 장 만드는 데 약 4마리의 털이 필요하다고 하네. 얼마나 귀한 재료인지 알겠지? 이렇게 희소성 있는 털을 수작업으로 한 땀 한 땀 정성 들여 만드니 고급스러울 수밖에 없지. 그렇다 보니 그 어떤 소재보다 섬세하고 다루기 힘든 것도 사실이야. 천연 소재이기 때문에 적어도 하루는 걸러서 입는 게 좋고, 보관하기 전에 벗어서 통풍이 잘 되는 곳에 2~3시간 걸어두는 것이 좋아. 큰 맘 먹고 구입한 캐시미어 니트는 애인 다루듯이 살살 잘 다뤄줘야 해. 알았지?

Styling A

여유로운 느낌의 고급스러움이 특징인, 풍성한 실루엣의 로 게이지 니트에는 슬림한 팬츠를 매치하는 것이 좋다. 헐렁한 바지를 매치하면 게으른 인상을 주기 때문이다. 이너 웨어로 셔츠를 더해 전체적인 밸런스를 맞추는 것 또한 중요한 스타일링 센스다.

Styling B

느슨한 피트의 로 게이지 니트는 인상을 부드럽게 해주지만 자칫하면 뚱뚱해 보이기 쉽다. 울과 모헤어 혼방 소재의 니트라면 쉽게 늘어나지 않기 때문에 슬림한 실루엣을 살릴 수 있는 것은 물론, 100% 울이나 캐시미어보다 오래 입을 수 있어 효과 만점이다.

Knit & Vest 2 Sweater

스웨터

직선적이고 딱딱한 느낌의 요소가 많은 남자의 아이템 중 포근함과 여유로운 느낌을 주는 스웨터는 편물로 된 상의를 총칭한다. 스웨터의 역사를 자세히 알 수는 없지만 현대식 스웨터가 등장한 것은 1880년대로 전해진다. 스웨터라는 말은 sweat(땀을 흘리다)에서 파생된 것으로 본래 '땀을 흘려 감량하기 위해 착용한 것'이라는 말에서 유래했다. 스포츠를 즐기기 위해서 또는 감량을 위해서 탄생한 옷이라는 뜻이다.

스웨터가 멋쟁이 옷으로 정착한 것은 1955년 후반부터 1960년대 무렵의 볼링 붐 bowling boom 과 일치한다고 할 수 있다. 빨간색 또는 노란색의 화려한 브이넥 스웨터를 입고 젊은이들이 볼링을 즐겼던 것이 계기가 되었다. 이후 스웨터는 추위와 더위를 조절해주는 의복으로서뿐만 아니라 색채, 형태 모든 면에서 유행을 따르게 되었다.

Gentleman Image Tuning

스웨터는 상반신을 다 덮기 때문에 무엇보다 색이 차지하는 비중이 크다. 색 그 자체를 걸친다고 해도 과언이 아니다. 따라서 스웨터를 스타일리시하게 입으려면 우선 자신에게 어울리는 색을 고르는 안목이 필요하다. 스웨터는 슈트처럼 어떤 규칙이 있는 것이 아니기 때문에 코디네이트가 자유롭다. 입는 사람의 센스가 있는 그대로 드러나므로 신중한 선택이 필요하다. 머리부터 뒤집어써서 입는 풀오버pullover 스타일의 브이넥이나 크루넥 등의 스웨터라면 가을에는 아우터로, 겨울에는 블레이저 등의 재킷 속에 받쳐 입는 이너 웨어로 즐겨 보자.

+α 스웨터 + 머플러(sweater + muffler)

두꺼운 소재의 스웨터를 겉옷으로 입을 때는 자신에게 어울리는 색, 좋아하는 무늬를 고르면 된다. 아우터의 경우 거의 목덜미까지 올라오기 때문에 코디네이트를 할 때 유의해야 할 것은 머플러뿐이다. 무늬 있는 스웨터의 경우 무늬에 사용된 색 중 한 가지를 머플러 색으로 선택하는 것이 무난하다. 또 머플러는 차지하는 면적이 작기 때문에 대조가 되는 색상을 사용하면 칙칙하기 쉬운 겨울철 스타일링의 악센트가 된다.

따뜻하고, 가볍고 부드러우며, 착용감이 뛰어난 스웨터는 그것을 입은 사람이 멋쟁이인지 그렇지 않은지가 분명히 드러나는 옷이다. 특히 머리에서부터 끌어당겨 입는 스웨터를 '풀오버'라고 하는데 그중에서도 그레이 브이넥 풀오버는 목이 짧거나 길거나, 얼굴이 크거나 작거나 따지지 않아도 되고, 슈트에 입을지 점퍼에 입을지 고민하지 않아도 되는 가장 유용한 니트 스웨터이다.

스웨터는 두 가지 큰 이점을 가지고 있다. 하나는 체형의 결점을 보완해준다는 것이다. 키가 작거나 뚱뚱해도 살며시 감싸 체형을 커버할 수 있다. 또 한 가지는 아우터로도 이너로도 입을 수 있다는 것이다. 패턴이 있는 스웨터는 따뜻하고 포근한 분위기를 배가시키고, 컬러풀한 스웨터는 기분 전환용 아이템이 되기도 한다.

Styling A

스웨터는 슈트 스타일처럼 어떤 규칙이 있는 것이 아니다. 착장법이 따로 없기 때문에 선택의 폭이 넓고 어렵다. 스웨터를 구입할 때는 짜임이 촘촘하고 진동둘레와 소맷부리, 목둘레가 세밀하게 만들어져 있는지 반드시 체크해야 한다.

 그녀의 취향

이 스웨터가 은근 요물이야. 어떤 남자는 스웨터를 입으면 부드러운 남자로 변신하는데, 어떤 남자는 스웨터를 입으면 멍청해 보이거든. 가장 큰 차이는 다름 아닌 사이즈에 있어. 니트의 생명은 실루엣이거든. 그러니까 이제부터는 신경 써서 골라 봐. 라운드넥은 벨트를 살짝 덮는 길이에, 어깨는 안쪽으로 살짝 올라가야 스타일이 살아. 그리고 목둘레와 소매 끝, 밑단을 두르고 있는 테두리 부분이 약간 도톰한 게 예쁘니까 참고하고. 물론 그 외 다른 장식들은 없을수록 좋아. 브이넥은 맨살에 하나만 달랑 입지 말고 흰색이나 하늘색 셔츠를 받쳐 입으면 훨씬 깔끔하고 젠틀해 보여. 캐주얼한 분위기를 강조하고 싶다면 데님이나 치노 팬츠와 매치해서 입으면 돼. 폴로 스웨터는 소프트한 칼라가 폴로셔츠와 같지만 니트 또는 캐시미어 소재의 긴 소매로 되어 있는 게 많지. 폴로 스웨터 안에 체크 셔츠나 스트라이프 셔츠를 받쳐 입고 그 위에 블레이저나 코트를 입으면 고급스러운 캐주얼 룩을 연출할 수 있을 거야.

Knit & Vest 4 Cardigan

카디건

남자의 패션 아이템 중 여유로움의 상징으로 불리는 카디건 cardigan 은 원래 환자복에서 유래되었다. 나이팅게일로 유명한 크림 전쟁에서 명장으로 알려진 영국의 카디건 백작 7세 Earl of Cardigan 는 부상병을 치료하기 위해 환자가 입고 있던 브이넥 스웨터를 입히거나 벗기기 편하도록 앞을 열어서 버튼으로 채우게 했는데, 이것을 오늘날 백작의 이름을 따서 '카디건'이라 부르게 되었다.

오랫동안 남자의 부드러운 이미지를 연출하며 나이를 불문하고 누구나 자유롭게 즐기는 아이템으로 자리 잡은 카디건은 입는 것만으로 우아한 분위기를 자아내고, 세련된 옷차림으로도 매치가 가능하다. 카디건은 단독으로 입을 수 없는 불완전한 옷이다. 따라서 브이존이 깊은 클래식한 카디건에는 반드시 셔츠를 매치해야 한다. 물론 컬러나 디자인도 고려해야 하지만 카디건은 브이존의 깊이에 따라 이너 웨어로 어떤 것을 매치하느냐가 결정된다. 실내복으로 캐주얼한 분위기를 연출하고 싶다면 크루넥을 받쳐

Gentleman
Image Tuning

입으면 좋고, 외출용으로 한껏 멋을 부리고 싶다면 드레스 셔츠나 버튼다운 셔츠를 받쳐 입으면 된다. 클래식한 카디건일수록 몸에 딱 맞게 입어야 하며 셔츠 또한 타이트한 것을 고른다. 넉넉한 사이즈의 여유 있는 카디건을 입으면 배만 튀어나온 중년 아저씨처럼 보이기 쉽다. 또 단추가 많고 브이존이 짧은 카디건을 입을 때는 셔츠가 답답해 보일 수 있으니 티셔츠를 입는 것이 좋다. 이때 아래 단추는 한두 개 풀고 입어야 소심하게 보이지 않는다.

+α 카디건 스타일링(cardigan styling)

카디건이나 스웨터를 입기 까다로운 경우가 재킷이나 블루종 안에 이너 웨어로 입을 때다. 이때 가장 먼저 고려해야 할 것은 겉옷의 색깔이다. 대부분의 남자들이 가지고 있는 네이비 컬러의 아우터는 기본 색상임에 틀림없다. 이 네이비 재킷에는 빨강, 노랑, 녹색, 옅은 파랑, 자주색 등이 잘 어울린다. 이 중에서 자신에게 익숙한 색을 고르면 된다. 처음에는 무지로 시작해서 점점 무늬 있는 것으로 발전시켜 나가면 된다.

가장 베이식한 아이템이자 세련된 옷차림으로도 매치가 가능한 카디건의 소재는 반드시 얇은 것으로 선택한다. 그렇지 않으면 피트감이 좋은 재킷 속에 입을 수 없다. 카디건의 실루엣도 물론 타이트해야 한다. 암홀이 좁은 것이 제일 중요한데 그렇지 않으면 재킷 안에 입을 수 없기 때문이다. 화이트 셔츠에 카디건을 매치한다면 단순한 컬러를 선택해 차분한 느낌을 주는 것이 좋다

 그녀의 취향

오빠의 옷장에 하나만 더 추가하길 바라는 아이템은 로 게이지 니트 카디건이야. 그중에서도 숄칼라 shawl collar로 된 거 강력 추천할게. 숄칼라란 턱시도에 많이 사용되는 수세미 모양의 곡선적인 디자인을 가진 칼라를 가리키는데, 이 칼라의 장점은 목도리를 두른 것처럼 목 주위에 볼륨감을 더해 우아하면서도 지적인 인상을 만드니까 이 하나만으로도 근사한 스타일링을 완성할 수 있다는 거야. 그리고 재킷으로도, 카디건으로도 활용할 수 있으니 일석이조인 아이템이지. 게다가 니트의 따뜻함과 고급스러움은 물론 포멀한 룩이든 캐주얼한 룩이든 다채로운 스타일링이 가능하고, 구김이나 주름 걱정도 필요 없어. 이렇게 장점 많은 아이템이 있으면 나와 보라고 해. 처음에 눈길을 줘야 하는 컬러는 역시 네이비나 그레이야. 다른 옷들이랑 코디하기 편하거든. 마찬가지로 헐렁한 피트는 인상을 부드럽게 해주지만 자칫 뚱뚱해 보이기 쉬우니까 몸에 피트한 걸 입어줘야 해. 그리고 기왕이면 바지도 슬림한 걸로 매치해서 세련되게 변신해 봐.

Styling A

카디건이 아우터 역할을 할 경우에는 단추를 풀어 러프하게 입고, 재킷과 함께 이너 웨어로 매치할 때는 단정히 단추를 채워야 한다. 이때 아래 단추 하나 정도는 풀어주는 센스를 보이자. 그래야 타이트한 카디건에 아랫배가 강조되지 않는다.

Styling B

카디건은 입는 방법 외에 어깨에 두르거나 허리에 묶어 연출할 수 있는 아이템이다. 이 세 가지 스타일을 모두 연출할 수 있는 카디건의 소재는 역시 캐시미어다. 재킷 안에 입을 정도로 얇고, 두르거나 묶었을 때 바로 드러나는 좋은 소재가 스타일을 방해하지 않기 때문이다

Knit & Vest 4 Turtleneck

터틀넥

터틀넥 turtleneck 은 거북이 목처럼 생긴 네크라인을 가리키는 말이다. 스티브 잡스 steve jobs 가 애용하던 것으로 지금은 성공한 사람의 아이콘처럼 느껴지는 터틀넥은 하나만 입어도 지적으로 보이는 주옥같은 아이템이다. 어떤 아우터와 매치해도 실패할 확률이 적은 이너 웨어를 찾는다면 역시 해답은 터틀넥이다. 비즈니스 캐주얼 중에서 터틀넥이 버튼다운 셔츠 다음으로 필수 아이템인 것은 캐주얼하면서도 정장 같은 젠틀한 분위기를 연출할 수 있기 때문이다.

터틀넥은 슈트와 함께 입어도 손색이 없을 정도로 몸의 맵시를 잘 살려준다. 터틀넥의 매력은 무엇보다 편안한 스타일링에 있다. 왜냐하면 셔츠나 타이의 컬러 조합, 브로치 brooch 나 포켓치프 pocketchief 같은 액세서리를 고려할 필요가 없기 때문이다. 이너로 입기만 해도 브이존이 멋지게 살아나는 것은 바로 그런 이유에서이다. 특히 블랙과 화이트는 기본으로 갖춰두자. 둘 다 무채색으로 아우터의 컬러에 좌우되지 않기 때문에 어디에나 잘 어울린다. 터틀넥은 게이지의 차이에

Gentleman Image Tuning

따라 인상이 변한다. 하이 게이지냐, 로우 게이지냐에 따라 각각 다른 매력을 발산하므로 두 가지 버전을 각각 갖추는 것이 정답이다. 이 네 가지 아이템만으로도 언제 어디서나 자신감 넘치는 브이존을 완성할 수 있다. 터틀넥은 네크라인 부분이 목에 살짝 타이트하게 달라붙는 것이 세련되고 우아하게 보인다. 헐렁하게 목 부분이 늘어진 터틀넥을 입고 빈티지 vintage 스타일이라고 우기지 말자. 늘어진 스타일은 그저 보기 싫을 뿐이다.

+α 터틀넥 스타일링(turtleneck styling)

한 장의 코트로도 문제없다. 다양한 색의 터틀넥만 있다면! 다양한 스타일링이 가능한 검은색 터틀넥은 겉옷이 어떤 색이라도 잘 어울린다. 날씬해 보일 뿐만 아니라 세련되어 보이는 필수 컬러이다. 중후하고 여유를 느끼게 해주는 와인색은 중년 남자에게 강력히 권하고 싶은 색이다. 심지어 겉옷을 한결 고급스러워 보이게까지 한다.

터틀넥은 하나만 입어도 훌륭한 아이템이지만, 실루엣이 드러나는 소재일 경우 몸매가 받쳐 주지 않으면 위험하다. 한 장으로 승부하지 말고 스웨터, 블레이저, 가죽 재킷 등 다른 아이템과 함께 입으면 더욱 근사하고 모던해 보인다. 또 터틀넥은 턱 선을 살려줘 얼굴 윤곽을 또렷하게 만드는 동시에 얼굴을 작아 보이게 하는 효과가 있다. 터틀넥을 입고 싶어도 머리가 커서 망설여진다면 목 부분이 헐렁한 니트 하프 터틀넥도 나쁘지 않다.

 그녀의 취향

오빠, 남자의 섹시함은 어떨 때 드러나는지 알아? 여자와 반대로 속살이 드러나지 않으면 않을수록 섹시하게 보여. 그러니까 몸과 목을 동시에 감싸는 터틀넥은 보온성은 물론이고 오빠의 섹시함을 드러내기에 아주 좋은 아이템이야. 게다가 터틀넥 하나만 걸쳐도 놀라울 정도로 스타일리시하게 보이니 어찌 멋쟁이들의 필수품이 안 될 수가 있겠어. 그런데 멋쟁이들은 터틀넥을 정직하게 있는 그대로 입지 않는다는 게 스타일링의 비법이야. 안 그래도 단정하고 반듯하게 보이는 아이템인데 어딘가 무너뜨려 입지 않으면 자칫 범생이처럼 보일 수 있거든. 우선은 터틀넥 목 부분의 리브rib를 군복 각 잡듯이 반듯하게 접지 말고 아무렇지도 않은 느낌으로 대충 말아서 입어봐. 자연스러운 주름이 멋스러우면서도 시크하게 보여. 그리고 터틀넥 속에 셔츠를 입고 그 셔츠 칼라를 밖으로 살짝 꺼내 입어도 멋져. 터틀넥 위로 살짝 내보이는 셔츠 깃이 신선한 매력을 가져다줄 거야. 오빠의 섹시함은 '목폴라'가 아니라 '터틀넥'이라고 말하는 순간부터 시작된다고.

Knit & Vest 5 Vest

베스트

속옷과 상의 사이에 입는 중간 옷을 가리키는 조끼는 미국에서는 베스트 vest, 영국에서는 웨이스트 코트 waist coat, 프랑스에서는 질레 gilet 라고 부르며, 소매가 없는 윗옷을 말한다. 이 조끼도 원래 군인들이 군복 안에 입는 호신용 복장이었으나 점차 일반인에게 퍼져 나가 평상복이 된 옷이다. 어떤 옷에도 잘 어울리고 입는 것만으로도 상당히 스타일리시하게 변신할 수 있는 조끼는 주머니도 많아서 편리하다. 따뜻하고 착용감이 좋으며 체형을 깔끔하게 만드는 역할도 한다. 조끼는 몸에 꼭 맞게 입는 것이 좋으며, 겨드랑이 부분에 충분한 여유분이 있어야 활동에 불편하지 않다.

재킷의 단추를 채웠을 때 그 위로 조끼가 살짝 보이도록 입는 것이 자연스럽다. 드레스 셔츠나 벨트가 겉에서 보이지 않도록 주의해야 하고, 바지의 허리 부분도 완전히 가려져야 한다. 주머니는 보통 약간 경사진 라인을 갖고 있는데 허리 위치와 가슴 바로 밑에 달려 있는 경우가 많다. 허리의 주머니는 시계나 라이터 등이

Gentleman Image Tuning

들어갈 만한 크기이며, 가슴의 주머니는 안경이 들어갈 만한 깊이로 만들어져 있다. 조끼의 맨 아래 있는 단추는 채우지 않는 것이 원칙인데, 무리하게 채우면 주름이 생겨서 조끼의 형태가 무너져 버릴 수 있기 때문이다. 중요한 것은 결국 사이즈다. 몸이 조일 정도가 아니라 상반신을 가볍게 감싸 안고 있는 느낌이 들 정도로 입는 것이 좋다. 등 부분에 작은 벨트가 달려 있으므로 간단히 조절할 수 있다.

+α 슈트 + 베스트(suit + vest)

중세 시대 십자군 기사들이 추위로부터 몸을 보호하기 위해 갑옷 아래 입었다는 조끼는, 이제는 남자의 갑옷이 된 슈트 아래에서 따뜻한 멋을 가져다주고 있다. 슈트에 조끼를 매치할 때 가장 신경 써야 하는 부분은 조끼의 첫 단추다. 슈트의 첫 번째 단추보다 반드시 위에 위치해서, 재킷의 단추를 모두 닫더라도 육안으로 조끼를 입고 있다는 것을 눈치챌 수 있어야 한다.

조끼의 맨 아래 단추는 살짝 풀어놓는 것이 올바른 착장법이다. 하지만 아래쪽을 각이 지게 디자인한 베스트라면 자칫 실수로 안 채운 것처럼 보일 수 있으니 단추를 모두 채우는 것이 좋다. 스타일링을 할 때는 바지와 같은 색상과 질감으로 맞추어 입는 것이 가장 무난하다. 캐주얼하게 입는 경우에도 헐렁하게 보이는 것은 피해야 한다. 뒤에 버클이 있는 타입을 선택해 딱 맞게 조절해서 입는다.

 그녀의 취향

조끼를 입는 습관이 있는 남자들은 한결같이 그 이유를 격조 높은 옷차림을 위해서라고 대답하는데, 틀린 말이 아니야. 조끼라는 아이템은 분명 옷차림에 엄숙함을 불어넣고 갖춰 입은 분위기를 내는 데 큰 역할을 하거든. 사무실에서 재킷을 벗었을 때 셔츠 한 장만 달랑 입고 있는 남자보다 조끼를 입고 있으면 범접할 수 없는 아우라가 나오는 게 사실이지. 그리고 원래 셔츠는 속옷이니까 셔츠 한 장만 입고 있는 모습은 속옷 차림으로 있는 것과 같다는 이유로 영국 신사들은 조끼를 입었을 때만 상의를 벗었다고 하잖아. 소매가 없기 때문에 움직이기 편하고 몸의 라인이 지나치게 보이지 않는 것도 오빠에게 추천하는 이유야. 꼭 슈트와 같은 원단의 스리피스 슈트의 조끼가 아니어도 돼. 요즘 단품으로 된 조끼도 많이 나오거든. 레이어드 스타일을 폭넓게 즐기고 싶다면 조끼는 여러 벌을 갖고 있어도 편리한 아이템이지. 디자인, 소재, 그리고 색에 따라 다양하게 준비하면 멋쟁이로서의 감각이 확 끌어올려질 거야.

Styling A

조끼는 넥타이 매듭의 아치가 유지되도록 타이를 미끄러지지 않게 고정시키는 역할을 하며, 셔츠를 깔끔하고 단정하게 보이도록 해준다. 그리고 재킷을 벗고 일을 해도 포멀한 분위기를 만들어주는 아이템이다.

Styling B

슈트와 같은 소재의 조끼로 스리피스 슈트 스타일로 연출해도 멋스럽고, 실크나 면 등 다른 소재의 조끼로 비즈니스 캐주얼 스타일로 착용해도 좋다. 여름에는 밝은색의 리넨이나 실크 소재의 조끼를 더해 색다른 스타일을 즐길 수 있다.

Knit & Vest 6 Knit Vest

니트 베스트

니트는 겨울에 없어서는 안 될 중요한 아이템이다. 겨울에는 보온성이 옷 선택에 중요한 기준이 되기 때문이다. 이 기준이라면 베스트도 빼놓을 수 없는 아이템이다. 따라서 이 두 가지가 더해진 니트 베스트 knit vest 는 보온성 면에서 탁월하다. 뿐만 아니라 조끼를 제대로 활용할 줄 아는 남자들 사이에서도 가장 트렌디한 아이템이다. 편안하면서도 따뜻한 니트에, 세련된 재킷과 슈트가 더해진다면 분위기가 단번에 화려해져 시선을 끄는 스타일링이 완성되기 때문이다.

원래 전통적인 남성복 조끼는 슈트용 원단으로 만드는 것이 맞다. 같은 소재로 만든 재킷, 바지까지 갖춰 입으면 스리피스 슈트가 된다. 한 벌로 입는 이런 조끼는 때로는 정중함을 넘어서 찔러도 피 한 방울 안 나올 것같이 깐깐하게 보이기도 한다. 그에 비해 눈꽃 무늬, 아메바 amoeba 무늬, 줄무늬로 짠 니트 베스트는 스타일에 여유를 가져다준다. 팔이 달려 있지 않기 때문에 부담스럽지도

Gentleman Image Tuning

않다. 겨울의 끝자락과 봄의 문턱 사이, 패딩을 입기에 애매한 날씨라면 주저 없이 니트 베스트를 입으면 된다. 따뜻함은 기본이고 사무실에서 재킷을 벗고 있어도 교양 있어 보인다. 니트 베스트를 캐주얼하게 표현하고 싶다면 과감하게 화려한 컬러를 선택하자. 훨씬 젊어 보일뿐더러 멋있는 스타일로 완성된다. 무난한 재킷이나 슈트라도 베스트를 함께 스타일링하면 뛰어난 패션 센스를 지닌 사람처럼 보일 수 있다. 자칫 촌스러워 보일 수 있으니 화려한 색은 조금만 드러나게 연출한다.

+α 슈트 + 니트 베스트(suit + knit vest)

일부러 스리피스 슈트를 사지 않아도 갖고 있는 투피스 슈트에 니트 베스트를 더하면 개성 있고 스타일리시한 스리피스 슈트로 완성할 수 있다. 감추고 싶은 뱃살도 조끼가 확실하게 가려주고, 등 근육도 쫙 펴주기 때문에 서 있는 자세도 훨씬 당당하게 보이고 멋스럽다. 또 조끼 한 장이 가져다주는 따스함은 추운 날에도 표정까지 온화하게 만들어줄 것이다.

밝은 회색 양복에 밝은 회색 니트 조끼를 매치하면 늙어 보이기 쉽다. 어두운 계열의 니트 조끼로 농담의 차이를 만들어야 세련되게 보인다. 밝은 회색 니트 조끼와 매치하는 슈트는 미디엄 또는 차콜 그레이가 무난하다. 무지의 그레이 슈트와 맞출 때는 무늬가 있는 니트 조끼로 악센트를 주면 포인트가 된다.

네이비 슈트라면 니트 베스트가 포인트가 되도록 슈트 색과 농담의 차이를 주어 깔끔하게 마무리한다. 무늬가 없는 니트 조끼라면 차분한 인상을 줄 수 있다. 앞 단추가 달려 있는 니트 베스트라면 스리피스 슈트 스타일로 연출할 수 있다. 스리피스를 제대로 갖춰 입은 것보다 캐주얼한 분위기로 연출된다.

페어 아일 베스트(fair isle vest)
스코틀랜드 북북동에 위치한 페어 섬에 전해지는 형형색색의 기하학적인 가로줄 무늬 패턴이 보기에도 선명한 조끼다. 그 모양이 겨울철 눈의 결정과 비슷하다고 해서 '눈꽃 패턴'이라고도 불리는 페어 아일 패턴은 풍요롭고 다채로운 색상이 특징이다. 따라서 컬러 코디에 서투른 남성들이 부담 없이 입을 수 있고, 패턴에 주로 쓰이는 따뜻한 색감과 문양이 차갑고 날카로운 인상을 부드럽게 완화시킨다.

크리켓 베스트(cricket vest)
영국의 전통적인 국가 스포츠라고 하는 크리켓 경기 유니폼용 니트 베스트이다. 깊게 파진 브이넥과 밑단에 선명한 색의 스트라이프가 들어가 있고, 몸판은 보통 케이블 짜기로 되어 있는 것이 특징이다. 깊은 브이넥의 크리켓 베스트는 세련된 브이존을 완성해주는데 재킷의 라펠 폭과 조끼의 스트라이프 라이닝 폭이 너무 차이가 나면 어색해 보일 수 있다.

Knit & Vest 7 Padding Vest

패딩 베스트

이 시대의 또 다른 아우터로 인정받는 패딩 조끼 padding vest 는 남자의 아이템 중 실용성 면에서 감히 최고라 칭할 수 있다. 보온성도 뛰어난 데다가 어디에나 가볍게 걸칠 수 있기 때문이다. 또 소매가 없으니 크게 실루엣을 해치지도 않는다. 따라서 유행이 쉽게 사그라지지 않는 패딩 조끼는 남자의 옷장에서 가장 활용도가 높은 아이템 중 하나이다. 가을부터 겨울까지 다양한 스타일로 활용도가 높기 때문에 패딩 조끼는 클래식하고 심플한 디자인을 고르는 것이 좋다. 스포티한 디자인에 컬러풀한 패딩 조끼가 넘쳐나던 과거와 달리 요즘은 헤링본이나 스웨이드처럼 재킷에 주로 사용되는 고급스러운 소재의 패딩 조끼도 다양하게 선보이고 있어서 캐주얼뿐만 아니라 슈트에 입어도 전혀 어색하지 않다.

슈트와 매치하는 것이 어렵게 여겨진다면 기본에 충실하면 된다. 네이비, 블랙, 그레이 같은 어두운 색상을 고르고, 차분한 인상을 주는 모직 소재를 선택하는 것이 안전하다. 슈트와의 세련된 매치

Gentleman Image Tuning

를 원한다면 재킷이 엉덩이를 반쯤 덮는 길이가 적당하다. 포멀한 스타일에 걸칠 패딩 조끼는 광택이 적거나 아예 울 소재여야 부담스럽지 않다. 패딩 조끼를 선택할 때 가장 염두에 두어야 할 것은 무엇보다 두께이다. 플란넬 셔츠만큼이나 얇은 것을 골라야 슈트의 실루엣을 해치지 않는다. 원색이거나 색상이 과도하게 현란한 패딩 조끼는 조끼만 둥둥 떠 보여 우스꽝스러울 수 있다는 점도 잊지 말자.

+α 패딩 베스트 스타일링(padding vest styling)

패딩 베스트는 가을부터 겨울까지 다양한 스타일로 입을 수 있는 멀티 아이템이다. 가을에는 셔츠나 니트 위에 슬쩍 걸치기만 해도 멋스럽고, 겨울이 되면 재킷 위에 덧입을 수 있다. 가벼운 위크엔드 룩처럼 편안한 스타일링에서도 패딩 베스트는 빛을 발한다. 퀼팅 디테일이 클래식한 멋을 더해 어른스러운 캐주얼 룩을 만들어준다. 캐주얼 스타일에 패딩 조끼를 더할 때는 재킷이나 고급스러운 캐시미어 니트처럼 클래식한 아이템과 매치해야 어른스럽게 완성된다.

몇 해 전만 해도 슈트 위에 패딩 베스트를 덧입는 것은 인기 있는 스타일링이 아니었다. 하지만 이제는 매우 일상적인 옷차림이 되었다. 슈트에 두툼한 패딩 베스트를 덧입으면 보온성 면에서 탁월할 뿐만 아니라 스타일 자체도 멋스럽기 때문이다. 간절기에 두툼한 스웨터나 니트 카디건 위에 패딩 조끼를 더하면 가볍게 입으면서도 추위를 막을 수 있다. 날씨가 더 쌀쌀해지면 트위드 재킷이나 헌팅 재킷 속에 조끼를 입어서 보온성을 높인다.

 그녀의 취향

슈트만 입고 나가자니 어쩐지 으슬으슬하고, 그렇다고 코트를 꺼내 입기엔 아직 부담스러운 그런 날에는 패딩 조끼가 딱이야. 패딩 조끼 는 패딩 점퍼와 달리 슈트의 포멀함을 크게 해치지 않는 선에서 캐 주얼하고 젊은 분위기를 가미해주거든. 몇 해 전만 해도 슈트 위에 패딩 베스트를 덧입는 것은 인기 있는 스타일링이 아니었지만 이제 는 매우 일상적인 스타일이 되었지. 슈트에 두툼한 패딩 베스트를 덧 입으면 보온성 면에서 탁월할뿐더러 스타일 자체도 멋스러워져. 일 단 오빠가 재킷 위에 패딩 베스트를 매치하는 것이 처음이라면 톤이 비슷한 아우터를 활용하는 것이 안전해. 포멀한 느낌을 살리고 싶다 면 군더더기 없이 디테일을 최소화한 베스트가 제격이야. 게다가 가 벼운 위크엔드 룩처럼 편안한 스타일을 연출할 때도 패딩 베스트의 활약은 대단해. 퀼팅 디테일이 클래식한 멋을 더해 어른스러운 캐주 얼 룩을 만들거든. 재킷이나 고급스러운 캐시미어 니트처럼 클래식 한 아이템과 매치하면 오빠만의 개성이 더해질 거야.

Styling A

패딩 조끼는 재킷이나 니트 위에 입어 캐주얼하게 연출하는 것이 가장 기본적인 테크닉이다. 얇은 패딩 점퍼 위에 덧입으면 보온성이 뛰어날 뿐 아니라 아무렇게나 입은 것 같은 패딩 룩에 포인트를 줄 수 있다.

Styling B

나일론 소재 패딩 조끼는 표면에 광택이 있기 때문에 좀 더 캐주얼한 스타일을 연출할 때 적합하다. 클래식한 느낌보다 캐주얼한 스타일링을 즐긴다면 추천하겠지만, 역시 트위드를 비롯한 모직 소재이거나 울 소재로 된 것이 활용도가 높다.

Chapter 7. Tie & V zone

1. 타이
2. 타이 테크닉
3. 타이 & 셔츠
4. 브이존
5. 프레젠테이션 스타일링
6. 협상 스타일링
7. 크리에이티브 스타일링

Tie & V zone 1 Tie

타이

타이 tie 는 슈트 스타일의 얼굴이라고 할 수 있는 브이존의 주역을 담당하는 매우 중요한 아이템이다. 타이가 만들어내는 표정에 따라 슈트 전체의 인상이 확 달라진다고 해도 과언이 아니다. 따라서 타이의 색, 무늬, 소재뿐만 아니라 셔츠의 색깔, 슈트 라펠의 크기, 타이의 매듭을 고려하고 TPO에 맞춘 제대로 된 하나를 선택할 수 있어야 한다. 레지멘탈이나 도트 무늬 같은 가장 베이식한 패턴은 영민하고 산뜻해 보이며 어떤 슈트에도 잘 어울리기 때문에 언제나 안전하다.

전체적인 인상을 결정하는 타이는 분명 그 남자의 취향까지 엿볼 수 있게 해준다. 따라서 기본 패턴이 아닌 니트 타이 knit tie 나 솔리드 컬러 타이 solid color tie, 화려한 프린트 타이 print tie 등을 맬 때는 연륜이 필요하다. 아무리 연륜을 갖춘 남자라고 해도, 세상을 향한 그 어떤 풍자를 담고 싶다고 해도 형광색 타이나 돌고래, 자동차가 그려진 타이를 매서는 안 된다. 이런 식으로 서른이 넘은 남자

Gentleman Image Tuning

가 풍자적으로 옷을 입는 건 개그맨들이나 할 수 있는 일이다. 남자가 타이를 매는 행위는 분명 몸과 마음에 긴장의 끈을 조이는 것과 같다. 거울 앞에 서서 셔츠 깃을 착 세운 채 타이를 꼼꼼히 잡아당겨 매는 순간 느끼는 특별한 감흥은 섬세하고 신중한 남자들만이 누릴 수 있는 특권이다. 그러니 미리 매듭이 지어져 있어서 타이를 목에 걸고 죽 잡아당기기만 하면 완성되는 지퍼 zipper 달린 타이는 이제 쳐다도 보지 말라는 소리다.

+α 타이 패턴(tie pattern) - 1

타이의 무늬는 각기 독특한 이미지를 가지고 있다. 스트라이프는 적극적이고 활동적인 이미지를, 문장을 뜻하는 크레스트 crest 는 조직과 집단의 소속감을 어필한다. 잔무늬는 차분한 인상을 주고, 무지는 색이 갖는 메시지를 확실하게 전달할 수 있다. 또 도트는 세련되고 성실한 인상을 주며, 페이즐리 paisley 는 우아한 아름다움을 전달한다. 체크무늬는 전통적인 느낌으로 친근감을 어필할 수 있다.

Tie

노트(knot)
타이의 매듭을 만드는 방식이다. 셔츠의 깃 모양, 타이 원단의 두께나 소재에 따라 매는 방법을 달리하는 것이 좋다. 셔츠의 깃이 좁으면 작은 매듭을, 넓은 깃에는 큰 매듭이 적당하다. 깃의 벌어진 각도가 작으면 매듭도 가늘게, 각도가 크면 매듭도 크게 만든다. 타이의 소재에 따라서는 플레인 노트는 두꺼운 소재의 타이에, 윈저 노트는 얇은 타이에 적합하다.

딤플(dimple)
매듭 중심부 바로 아래 원단이 접혀 들어간 홈을 말한다. 매듭을 조이면서 모양을 만드는데, 중앙에 1개만 만들거나 한쪽은 크게, 다른 한쪽은 작게 만들어 2개의 딤플을 만드는 등 다양한 방식으로 연출한다. 우아하고 세련된 인상을 줄 수 있지만 장례식 같은 조사에는 만들지 않는 것이 매너이다.

라이닝(lining)
넥타이의 실루엣을 유지하는 '심'의 역할을 하는, 안쪽에 들어 있는 원단을 말한다. 양끝 부분을 뺀 넥타이의 안쪽에 들어가 있다. 일러스트처럼 안감에 겉감과 같은 실크를 사용하면 훨씬 고급스럽다.

 그녀의 취향

오빠, 혹시 남색 바탕에 흰색이나 실버의 작은 물방울무늬 넥타이를 가지고 있어? 상당히 많은 넥타이를 가지고 있는 남자들도 의외로 이 도트 무늬 타이는 없는 경우가 많은 것 같아. 세상에 모든 넥타이가 사라지고 단 하나만 남겨야 한다면 다름 아닌 이 남색 바탕의 도트 무늬 타이여야 해. 도트라고 했더니 커다란 땡땡이를 연상하는데 스트라이프처럼 무늬가 작은 것일수록 더 포멀하게 느껴지지. 그러니까 세미 포멀로 사용하는 핀 도트보다는 조금 크고, 폴카도트라고 부르는 큰 도트보다는 조금 작은 것이 자리를 가리지 않고 사용하기 편할 거야. 그래서 내가 추천하고 싶은 것은 7~8mm 사방에 도트가 있는 거지. 이 정도가 너무 화려하지도 않고 너무 수수하지도 않아서 딱 좋아. 그 다음으로는 남색 바탕에 사선으로 색이 한 가지만 들어간 레지멘탈 무늬. 그리고 역시 남색 바탕에 작은 무늬.

멀리서 봤을 때 넥타이가 눈에 띄는 것은 잘못된 선택이야. 내가 추천한 심플하고 시크한 넥타이가 오빠의 존재감을 더욱 살려줄 거야.

Tie & V zone 2 Tie Technique

타이 테크닉

남자들의 옷차림에서 가장 개성을 드러낼 수 있는 부분은 역시 넥타이다. 당연히 시대의 흐름이나 트렌드에 민감하게 반응하는데, 요즘은 8cm 정도의 슬림 타이 slim tie 가 선호되지만 클래식한 타이의 폭은 8.5~9cm가 기본이다. 내로 타이 narrow tie 라 불리는 7cm 폭의 타이라면 클래식 슈트 classic suit 와는 어울리지 않는다. 캐주얼하게 연출할 때는 타이의 매듭이 작아지므로 셔츠의 깃도 좁은 것을 선택해야 한다. 타이의 폭은 유행을 따르는 것이 아니라 자신의 얼굴이나 체형의 크기를 고려해서 선택해야 한다. 왜소한 남자가 폭넓은 타이를 매면 초라하게 보이고, 풍채가 건장한 남자가 좁은 타이를 매면 몸이 더 거대하게 보인다.

타이의 끝은 벨트의 중간이나 벨트 버클 buckle 의 윗부분에 위치하는 게 자연스럽다. 하지만 키가 아주 큰 남자라면 좀 더 낮은 위치로 매는 것이 훨씬 조화롭게 보이고, 키가 작은 남자라면 벨트와 만나지 않게 짧게 매는 것도 체형을 보완하는 데 도움이 된다. 이

Gentleman Image Tuning

제부터는 타이를 풀 때 대검부터 매듭에서 뽑아 보자. 보통 매듭을 잡고 밑으로 쭉 내려서 소검부터 빼는데 타이 중앙의 봉제선에 많은 힘이 실려 실이 끊기거나 형태가 변할 수 있다. 그렇기 때문에 타이를 매는 순서와 반대로 대검을 먼저 빼는 것이 좋다. 타이는 매는 것 이상으로 푸는 것도 중요하다. 제발 매듭을 풀지 않은 채 목에서 쑥 잡아 빼는 일은 이제 그만 하자.

+α 타이 패턴(tie pattern) – 2

남색 바탕에 물방울무늬, 남색 바탕에 사선무늬, 남색 바탕에 작은 무늬를 이미 갖췄다면 그 다음 추천하고 싶은 것은 무지 타이다. 역시 네이비로 소재와 짜임을 보며 선택하자. 실크 소재의 트윌이나 니트, 울 등을 갖추면 다양하게 활용할 수 있다. 갈색 바탕에 하늘색 작은 무늬 타이를 그레이 슈트와 매치하면 남부럽지 않은 감각을 자랑할 수 있다.

Shadow Stripe Regimental Tie

Shirts & Tie Coloring

섀도 스트라이프 X 레지멘탈 타이
기본 중의 기본은 레지멘탈 타이다. 흰색 셔츠와 코디하면 무난하지만 보다 스타일리시하게 연출하고 싶다면 섀도 스트라이프 셔츠와 매치해 보자. 얼핏 무지 셔츠처럼 보이지만 자세히 보면 스트라이프가 들어 있어 볼수록 매력을 느끼게 된다.

셔츠 & 타이의 컬러링
셔츠 색을 타이에 사용된 색 중 하나와 맞추거나 반대로 셔츠에 있는 색을 타이에 사용하는 방법이다. 전체적으로 통일감이 생기기 때문에 깊이 있는 브이존이 연출된다.

Exposing the rear Apron

Double Dimple

소검 빼내기
멋쟁이 상급자 테크닉 중 하나로 타이를 살짝 어긋나게 하는 방법이다. 대검 뒤에 숨어 있는 소검을 일부러 옆으로 2cm 정도 빼내 살짝 엿보이게 하여 위트를 표현한다. 소검의 무늬가 다른 타이일 경우 훨씬 효과가 크다.

더블 딤플
이탈리아의 멋쟁이 남자들 중에서도 상급자라 할 수 있는 사람들이 적극적으로 연출하는 방법이다. 딤플을 2개 만들어 은근히 개성을 드러내는 것을 즐긴다고 한다.

타이 바
타이를 항상 정확한 위치에 오도록 유지시켜 주는 타이 바는 기능적인 면은 물론이거니와 브이존에 깔끔한 악센트를 더하는 효과도 있다. 보통 단정하게 일자로 꽂지만 사선으로 꽂아도 멋스럽다.

칼라 핀
아름다운 노트의 조건 중 하나는 매듭의 역삼각형이 가능한 위를 향하고 있는 것이다. 그 아름다운 상태를 항상 유지할 수 있는 것이 칼라 핀이다. 노트의 아래를 통과시켜서 칼라의 날개에 꽂기만 하면 간단히 완성된다.

 그녀의 취향

넥타이를 매는 방법은 몇 종류나 있지만 내가 오빠한테 추천하고 싶은 건 가장 기본이 되는 플레인 노트야. 물론 깃의 모양에 맞춰서 매듭 모양을 바꾸는 것도 방법이기는 하지만, 세미와이드 칼라에 어울리는 플레인 노트 매듭법 하나만이라도 찰지게 익혀두고 있다면 충분해. 여기서 중요한 건 '찰지게'야. 제대로 하려면 노트를 자연스러운 느낌으로 풍성하게 마무리해야 해. 그 차이가 오빠가 지금까지 습관적으로 매고 있던 플레인 노트와 다른 인상을 가져다줄 거야. 따라서 이번 기회에 플레인 노트 매는 방법을 복습해 보면 좋겠어. 기본적으로는 오빠가 잘 알고 있는 매듭법이지만 딤플을 만드는 것이 포인트지.

와이드 스프레드 칼라처럼 각도가 많이 벌어진 셔츠에는 플레인 노트가 아니라 윈저 노트로 매야 한다고들 하는데, 요즘은 윈저 노트의 빈틈없는 딱딱함보다는 플레인 노트의 여유가 훨씬 감각 있게 느껴져. 플레인 노트의 매듭 방법을 가감하면 크기는 얼마든지 조정할 수 있으니까 꼭 시도해 봐.

Tie & V zone 3 Tie & Shirt

타이 & 셔츠

타이와 셔츠의 매치에 따라 슈트의 얼굴이 달라진다. 비즈니스 슈트는 사실 슈트보다 타이와 셔츠의 조합이 더 중요하다고 할 수 있다. 베이식한 슈트에 어떤 타이와 셔츠를 매치하느냐에 따라 전체적인 표정이 달라지기 때문이다. 재킷, 셔츠, 타이의 컬러와 패턴이 모여 다양한 경우의 수가 나올 수 있다.

재킷의 라펠이나 고지 라인gorge line 을 고려해 셔츠 칼라의 모양과 크기 등을 결정해야 한다. 타이도 마찬가지로 칼라의 크기나 라펠의 너비 등에 맞춰야 한다. 타이 매듭의 크기는 셔츠 깃의 너비에 맞추는 것이 정석이다. 셔츠 깃이 넓으면 매듭을 크게, 좁으면 매듭도 작게 맨다. 이때 얼굴 크기를 고려하자. 너무 작은 크기의 매듭은 큰 얼굴을 더욱 도드라져 보이게 하고, 너무 큰 매듭은 얼굴로 향해야 할 시선을 모두 넥타이로만 이끌기 때문이다. 단색 기본형 셔츠라면 타이는 마음대로 선택해도 된다. 단 너무 단조롭게 보이지 않도록 플란넬이나 니트처럼 타이의 소재감에 변화를 주

Gentleman Image Tuning

는 것이 감각 있어 보인다. 패턴이 들어간 셔츠에 패턴 타이pattern tie를 매치하는 것은 위험할 수 있지만, 단색 니트 타이라면 패턴이 없는 밋밋함을 독특한 질감으로 보완할 수 있다. 화려한 셔츠를 입을 때 단색의 타이는 언제나 안전한 선택이며, 셔츠 색상과 같은 계열의 보수적인 줄무늬 타이를 매치하는 것도 괜찮다. 이런 조합은 공식화된 규칙이 있다기보다는 자신에게 어울리는 방법을 찾을 때까지 다양하게 경험해 보는 것이 좋다.

+α 니트 타이(knit tie)

타이는 분명 격식, 품위, 다양한 상징 등을 가지고 있다. 성글게 짠 니트 타이는 여유와 낭만까지 부여한다. 특히 여름철에 덥다고 날마다 타이가 없는 차림만 한다면 너무 평범해질 것이다. 버튼다운 셔츠나 폴로셔츠 같은 캐주얼한 셔츠를 입고 니트 타이를 매치해 보자. 무지나 도트 무늬 니트 타이는 탁월한 선택이다. 보통 5~6cm 정도의 폭인데 약간의 차이지만 조금이라도 폭이 넓은 6cm 전후가 훨씬 드레시한 인상을 만든다.

Regimental Tie
Wide Collar

Knit Tie
Button-down Collar

레지멘탈 타이 X 와이드 칼라 셔츠
와이드 스프레드 칼라에 레지멘탈 타이를 맞추는 기본 매치는 성실하고 믿음직스러운 인상을 주기 때문에 어떤 상황이나 상대도 가리지 않는다. 세련되고 클래식한 인상이 한결 어른스러운 브이존을 만든다.

니트 타이 X 버튼다운 칼라 셔츠
셔츠 타이를 활용해 캐주얼하고 댄디한 분위기를 내고 싶다면 버튼다운 셔츠에 니트 타이를 매면 된다. 아메리칸 캐주얼의 상징인 버튼다운 셔츠와 위트 있는 니트 타이는 환상적인 매치다.

Dot Tie
Round Collar

Solid Tie
Cleric Shirt

도트 타이 X 라운드 칼라 셔츠
셔츠 깃 끝이 둥근 모양인 라운드 칼라는 멋쟁이 상급자용이다. 부드러운 인상을 주는 멋진 셔츠에 컬러풀한 도트를 흩뿌린 듯한 타이의 매치는 색다른 매력을 가져다준다.

솔리드 타이 X 클레릭 셔츠
깃과 커프스는 흰색이고 몸판은 무늬나 색이 있는 클레릭 셔츠는 컬러 대비가 도회적인 인상을 준다. 셔츠 자체만으로도 존재감이 있기 때문에, 타이는 무늬에 들어 있는 색 중 하나를 골라 무지의 솔리드 타이를 매야 스마트하게 보인다.

Glen Check Tie
Regular Collar

Narrow Tie
Small Collar

글렌체크 타이 X 레귤러 칼라 셔츠
셔츠의 기본이 되는 레귤러 칼라는 타이로 감각을 보여주는 것이 좋다. 브리티시스타일의 트렌드를 반영한 글렌체크 타이가 트래디셔널한 인상으로 마무리해준다.

내로 타이 X 작은 칼라 셔츠
브이존을 더욱 세련되게 연출하려면 샤프한 인상의 내로 타이를 매는 것도 좋다. 하지만 폭이 너무 좁은 타이는 가벼워 보일 수 있으니 피해야 한다. 내로 타이를 맬 때는 셔츠의 깃도 작은 것으로 폭을 맞추면 쿨한 인상으로 마무리된다.

 그녀의 취향

넥타이는 더러워지면 버리겠다는 비장한 각오로 매야 해. 다시 말해 드라이클리닝을 안 하면 안 할수록 좋다는 얘기야. 넥타이는 겉감에 사용되는 실크 소재와 안감의 심지가 줄어드는 비율이 전혀 다르기 때문에 세탁하면 당겨지게 돼. 또 드라이클리닝을 하면 처음의 푹신한 감촉은 잃어버리게 되어 있지. 해외에서는 넥타이만 전문으로 세탁하는 곳이 있는데 거기에서는 넥타이를 분해한 후 세탁한다고 해. 겉은 겉끼리, 안은 안끼리 세탁해서 다시 붙이는 거지. 이 정도는 아니라고 해도 이제부터 마음에 드는 넥타이를 맸을 때는 식사할 때도 국물이 튈 것 같은 것은 음식은 주문하지 않는 등 생활 속에서 조금만 주의를 기울이면 될 거야. 일상에서 가장 넥타이를 상하게 하는 일은 넥타이를 풀 때야. TV나 영화에서 넥타이를 확 잡아당겨서 푸는 장면을 자주 보는데 이렇게 난폭하게 취급하면 실이 끊기거나 형태가 변할 수 있어. 그러니 풀 때는 매듭에 손가락을 넣어서 조금씩 매듭을 풀면서. 맞아, 그렇게 살살 다뤄야 해.

Tie & V zone 4 V zone

브이존

멋쟁이라 불리는 남자들은 대부분 브이존 연출의 달인들이다. 그들은 슈트 선택의 중요한 포인트는 피팅fitting이고, 슈트 스타일링에서 가장 중요한 것은 브이존 코디네이트라는 점을 너무도 잘 알고 있다. 이 말은 다시 말해 좋은 슈트를 완벽한 피팅으로 입어도, 셔츠와 타이의 코디가 제각각이면 그 매력을 반감시켜 버릴 수 있다는 뜻이기도 하다. 따라서 셔츠와 타이, 컬러의 매치가 돋보이는 브이존은 남자가 슈트를 입을 때 가장 기본적으로 신경 써야 할 부분이다.

브이존을 꾸미면서 가장 염두에 둬야 할 건 단순히 예쁜 타이나 셔츠가 아니라 슈트와의 밸런스까지 고려해서, 이 모든 요소를 자연스럽게 조화시켜야 한다는 점이다. 전체적인 밸런스를 위해서 우선 슈트와 타이의 소재를 맞춘다. 울 타이wool tie에는 울 소재의 슈트를 맞춰서 통일감을 연출하고, 리넨 재킷을 입을 때는 리넨 혼방 타이를 선택하면 세련되게 보인다. 다음으로 타이의 바탕

Gentleman Image Tuning

색이 아니라 무늬에 들어간 색을 맞추면 보다 화려한 브이존이 연출된다. 아이템의 톤을 변화시키면 깊이 있는 브이존을 연출할 수 있다. 또 반드시 라펠 폭에 맞춘 셔츠와 타이를 선택한다. 라펠 폭이 좁은 슈트라면 역시 폭이 좁은 내로 타이가 잘 어울린다. 이때 셔츠도 작은 칼라로 치밀하게 정리하면 보다 감각 있는 브이존이 완성된다. 마지막으로 슈트, 셔츠, 타이를 모두 스트라이프 무늬로 선택했다면 간격이나 두께에 차이를 주는 것이 멋쟁이의 숨은 기교다.

+α 울 타이(wool tie)

겨울과 너무나 잘 어울리는 울 소재의 타이는 맸다고 해서 따뜻하지는 않지만, 보는 사람의 마음까지 포근하게 해주기 때문에 포인트 아이템으로서의 가치가 충분하다. 기존의 실크 타이가 가진 딱딱함과 답답한 인상을 해소해준다. 울 타이를 고를 때는 울 100%나 캐시미어가 조금 섞인 것도 좋고, 패턴이 강한 것보다는 무지나 잔잔한 무늬가 훨씬 차분한 인상을 가져다준다.

V zone

노트 폭 ❶ : 깃의 끝과 끝 ❷
= 1 : 3

라펠 폭 ❸ : 넥타이 폭 ❹
= 1 : 1

셔츠 깃의 형태에 맞춰서 넥타이의 매듭 방법을 선택하는 것이 밸런스 좋은 브이존을 만들기 위한 가장 중요한 포인트이다. 깃의 끝에서 끝까지 거리의 1/3 크기로 노트 폭을 정돈하는 것이 방법이다. 게다가 노트 아래 생기는 딤플을 중앙에 만드는 것이 아니라 2:3의 비율로 왼쪽으로 약간 치우치게 만들면 슈트 상급자의 인상을 줄 수 있다.

 그녀의 취향

셔츠와 타이로 브이존의 드레시함을 극대화하고 싶다면 깔끔한 드레스 셔츠에 네이비 실크 타이를 매치하는 게 제일 예뻐. 네이비 타이가 너무 지루하게 느껴진다면 중간 부분에 위트 있는 아이콘이나 엠블럼emblem이 새겨진 원 포인트 타이를 추천할게. 단조로운 스타일을 피할 수 있을 거야. 반대로 타이를 활용해 캐주얼하면서 세련된 분위기를 내고 싶다면 니트 타이가 제격이야. 특히 네이비 니트 타이를 매고 네이비 블레이저를 걸친다면 오빠의 숨어 있는 귀여움까지 끌어낼 수 있는 브이존이 완성된다고. 베이지 면 재킷에 네이비 니트 타이도 얼마나 잘 어울리는데. 또 쿨 비즈니스 룩을 연출할 때도 버튼다운 셔츠나 반팔 폴로셔츠에 니트 타이를 매치하면 청량감까지 느낄 수 있을 거야. 화려한 브이존을 연출하고 싶다면 색감이 있는 셔츠에 스트라이프 타이를 매치해 봐. 그렇다고 진한 핑크색 셔츠에 보라색 타이를 매는 식으로 모두 컬러풀한 것으로 고르면 화려하기는커녕 빈티나 보일 수 있어. 셔츠는 연하게, 타이는 선명하게! 알았지?

Gray Suit V zone

그레이 슈트는 어떤 색상, 어떤 패턴의 셔츠나 타이와도 잘 어울린다. 하지만 너무 차분해서 수수하게 보이지 않도록 주의해야 한다. 따라서 슈트 자체에 스트라이프나 패턴이 있는 것을 선택하는 것도 좋은 방법이다. 이때는 반드시 무지 넥타이를 맞춰서 색으로 브이존을 돋보이게 하는 것이 포인트이다. 특히 진중한 이미지를 주고 싶을 때는 그레이나 네이비를, 돋보이고 싶을 때는 레드나 옐로 같은 밝은 색상의 타이를 매는 게 좋다.

네이비 슈트는 톤 자체가 주는 안정감이 있기 때문에 과감한 컬러나 패턴을 시도해도 잘 어울린다. 톤 온 톤의 안정적인 매칭에서 벗어나 화려한 페이즐리 패턴이나 니트 타이를 활용하면 경쾌한 인상을 줄 수 있다. 스트라이프 셔츠와 작은 무늬 타이로 브이존을 구성하면 샤프하고 깔끔하고 일 잘하는 남자의 이미지가 만들어진다. 이때 스트라이프의 간격과 타이 무늬의 간격을 맞추면 더욱 세련되어 보인다. 스트라이프 색과 타이 색의 톤을 같게 한다면 더욱 완벽하다.

Tie & V zone 5 For Presentation

프레젠테이션 스타일링

정열적이고 믿음직스러운 리더십을 발휘할 것 같은 이미지를 연출해야 하는 프레젠테이션 presentation 에 임할 때는 '반드시 이기겠다!'는 비장한 각오를 브이존에서도 느낄 수 있도록 해야 한다. 그렇다고 해도 상사의 반감을 사지 않고, 부하 직원에게도 신뢰를 얻을 수 있도록 배색을 의식하는 것이 좋다. 프레젠테이션 스타일의 정석은 깔끔한 인상의 네이비 슈트에, 정열적이면서 콘트라스트 contrast 가 강한 밝은색의 넥타이를 맞추는 것인데, 이것은 역대 미국 대통령들이 소신을 표명하는 연설을 할 때 대부분 적용했던 코디네이트로 그 효과는 이미 입증되었다고 말해도 과언이 아닐 것이다. 반드시 저렇게만 입어야 하는 것은 아니지만, 자신의 정열과 적극성을 어필하고 싶다면 붉은 계통의 색이 들어간 타이를 고르는 것이 필수다. 제발 복수혈전을 떠올리게 하는 새빨간 색이 아닌 톤 다운된 붉은색으로 고상한 카리스마를 느끼게 하자.

For Presentation Styling

프레젠테이션에 대한 의욕은 톤 다운된 붉은색에 스트라이프 패턴을 더하면 더욱 강화된다. 스트라이프 패턴으로 샤프한 인상을 주면 결단력 있어 보인다. 붉은색 타이를 무늬가 없는 것으로 선택했다면 셔츠는 좀 더 과감하게 두꺼운 스트라이프를 선택해도 괜찮다. 이렇게 브이존의 콘트라스트를 강하게 만들면 프레젠테이션에 임하는 자신의 의지도 더욱 굳건해지고, 주목도도 올라가서 적극적인 인상을 어필할 수 있다.

Tie & V zone 6 For Negotiation

협상 스타일링

비즈니스에서 협상 negotiation 은 밀기도 하고 당기기도 하는 밀당 작업이다. 따라서 슈트 스타일도 지나치게 개성이 두드러져 보여도 안 되고, 그렇다고 너무 수수한 인상을 줘서도 안 된다. 기본적으로 성실한 인상을 주면서, 복잡한 교섭을 부드럽게 진행시킬 수 있도록 브이존 전체의 톤을 차분하게 연출하는 것이 포인트이다. 그렇게 하면 클라이언트를 자극하지 않으면서 차분한 인상으로 어필할 수 있다. 지적이고 안정감 있는 이미지를 가진 푸른 계열이나 온화하고 차분한 이미지의 회색 계열을 베이스로 하고, 가능한 전체를 세련된 색으로 정리해야 여유로운 인상을 줄 수 있다. 또 슈트, 셔츠, 넥타이를 동색 계열의 그러데이션으로 정돈하면 통일감 있는 브이존이 구성되어 더욱 신뢰감을 구축할 수 있다.

For Negotiation Styling

진한 네이비 슈트에, 멀리서 보면 무지로 보이는 가는 블루 스트라이프 셔츠, 네이비 바탕에 선명한 도트 무늬 타이로 강약을 준다. 이때 도트 무늬의 색은 선명해도 좋다. 이런 식의 연출은 성실한 인품이 드러나게 해서, 여유 있게 마무리하고 싶은 교섭을 자연스럽게 풀어가도록 도와준다. 따라서 임팩트가 강한 타이를 피하고, 억제된 톤으로 브이존을 정돈하면 상대방은 물론 자신의 기분도 침착해지는 효과를 볼 수 있다.

Tie & V zone 7 For Creation

크리에이티브 스타일링

틀에 갇혀 있지 않고 자유로운 발상으로 크리에이티브creative하게 비즈니스를 리드하는 이미지를 주고 싶을 때 효과적인 브이존이다. 풍부한 창의력이 요구되는 크리에이티브 계통의 종사자들에게 권하고 싶은 브이존이기도 하다. 이 분야의 사람들은 무엇보다 고지식한 인상을 주지 않는 것이 중요하다. 스타일링에 위트를 주는 것이 관건인데 색, 무늬, 소품으로 창의적이고 유연한 마음을 표현할 수 있어야 한다. 그렇다고 무작정 유행을 따르면 경박한 인상을 주게 되고, 너무 튀면 상대방에게 불쾌한 인상을 줄 수 있다. 따라서 개성도 드러내면서 신뢰감도 주는 스타일로 완성해야 하는데 그러려면 고도의 테크닉이 요구된다. 하지만 아무리 자유로운 창의력을 어필하고 싶다고 해도 기본을 무시하면 절대로 감각 있어 보이지 않는다는 점을 명심하자.

약간 튀는 트렌디한 체크 셔츠로 노타이 스타일을 세련되게 완성시키거나 화사한 컬러의 니트 타이를 캐주얼한 셔츠와 맞춰 부드러운 인상을 연출한다. 또 슈트, 셔츠, 타이 모두 패턴이 있는 것을 선택해서 한 단계 높은 세련된 분위기를 연출하는 것도 색다른 감각을 어필할 수 있다. 스트라이프 셔츠의 색과 맞춘 카디건을 덧입으면 자유롭고 어우러운 이미지를 연출하는 데 부조함이 없다.

Chapter 8. Pants

1. 그레이 팬츠
2. 치노 팬츠
3. 데님 팬츠
4. 카고 팬츠
5. 코듀로이 팬츠
6. 스웨트 팬츠
7. 쇼트 팬츠

Pants 1 Gray Slacks

그레이 팬츠

슬랙스 slacks 란 테일러드 재킷이나 슈트의 상의 등 특정 상의와 맞춰 입는 바지를 의미하는데, 울이나 실크, 폴리에스테르 등을 소재로 앞 주름이 확실하게 잡혀 있는 바지를 말한다. 그중에서도 그레이 슬랙스는 남자라면 반드시 갖추고 있어야 할 필수 아이템이다. 네이비 블레이저와 화이트 셔츠, 그레이 슬랙스의 조합은 누구나 떠올리는 비즈니스 캐주얼의 기본이지만 그레이 슬랙스를 신중하게 고르는 사람은 의외로 적다. 너무 베이식한 아이템이어서 '다 거기서 거기겠지.'라고 쉽게 생각하기 때문인 것 같다. 기억해야 할 그레이 슬랙스의 선택 포인트는 바지통이 좁은 실루엣, 허리에 주름이 없는 노 턱, 울 100% 소재이면서 무릎이 잘 안 나오고, 주름이 잘 생기지 않는 원단이라야 금상첨화이다.

그레이는 톤이 워낙 다양해 선택의 폭이 넓기 때문에 색 선택 역시 중요하다. 첫 번째 그레이 슬랙스는 반드시 미디엄 그레이로 선택하자. 미디엄 그레이는 상의 색을 따지지 않고 누구에게라도

Gentleman Image Tuning

잘 어울리는 다재다능한 컬러이다. 그야말로 남성이 갖춰야 할 가장 베이식하면서 궁극적인 아이템이다. 한 벌 더 구입할 여력이 된다면 검정이나 네이비를 고르는 것이 아니라 차콜 그레이를 추천한다. 다리가 날씬해 보이는 효과가 있는 데다가 검정 구두와도 잘 어울리고 활용도까지 높으니 실용적인 남성의 정통 컬러이다.

+α 바지 길이(pants length)

바지의 밑단은 '하프 쿠션 half cushion'이라고 불리는 길이가 이상적이다. 하프 쿠션은 바짓단이 구두 윗부분에 살짝 닿을 정도로 아주 희미하게 움푹 패인 상태를 말한다. 바지 밑단이 너무 길어서 주름이 많이 잡히면 그 분량만큼 다리가 짧고 나이 들어 보인다. 그렇다고 복숭아뼈가 보일 정도로 너무 짧게 입으면 나잇값 못하고 빈티나 보일 수 있다.

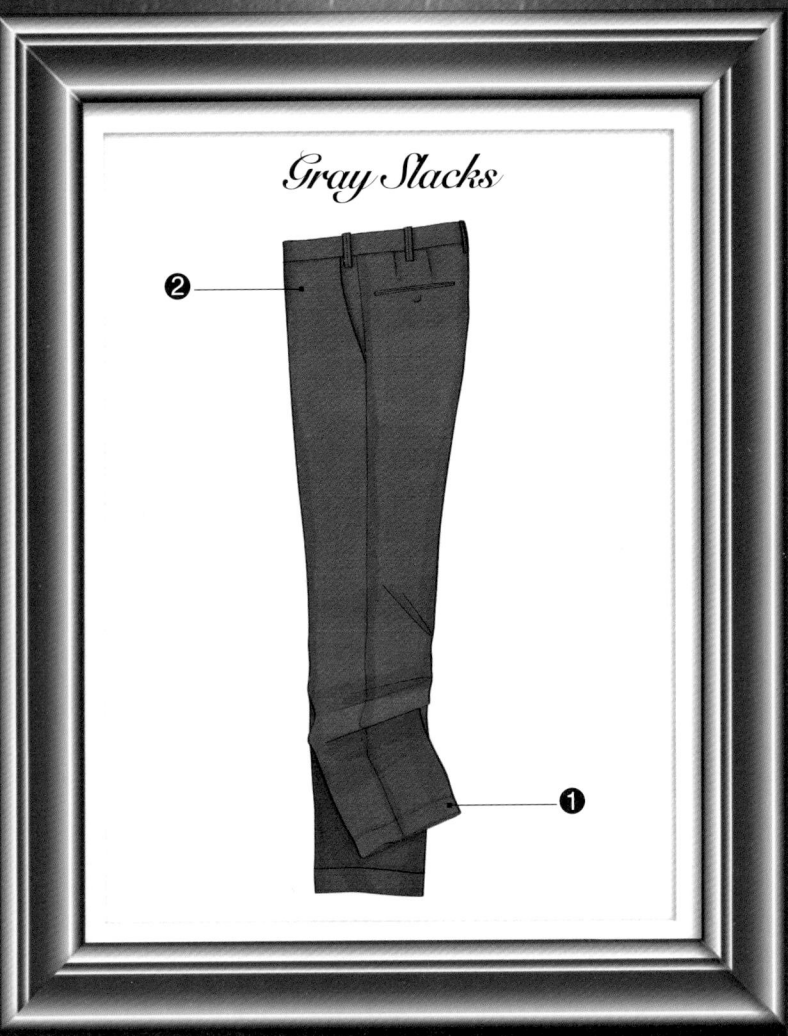

① 커프(cuff)는 바짓단을 말한다. 안쪽으로 접어서 처리하는 것을 '싱글'이라고 하고, 바깥으로 접은 것을 '더블'이라고 한다. 포멀한 자리에서는 싱글이 기본이다. 더블은 오염을 방지하기 위해 바짓단을 접은 것이 기원이기 때문에 캐주얼한 인상을 준다.

② 턱(tuck)은 허리 부분에 만들어진 주름을 말한다. 노 턱(no tuck)을 선택하면 허리 주위를 깔끔한 실루엣으로 만들 수 있다. 입었을 때 몸에 딱 맞는 느낌이 들며 경쾌한 인상이 된다.

 그녀의 취향

오빠, 남자의 복장에서 제일 중요한 게 뭘 거 같아? 정답은 실루엣이야. 그중에서도 팬츠의 실루엣이 가장 중요해서 힙 라인이 예쁘게 보이는지 어떤지가 오빠의 전체 실루엣을 결정짓는다고 생각하면 돼. 그래서 바지는 반드시 입어 보고 사야 하는 옷이라고. 바지를 구입할 때 보통 허리 사이즈만 신경을 쓰는데 그건 아니지. 바지는 엉덩이에 맞춰서 사야 보기 좋은 옷이야. 힙 라인이 헐렁하면 서 있는 모습이 절대로 아름답게 보이지 않아. 입었을 때 바지 주머니가 벌어지면 오빠한테 맞지 않는 거야. 그러니 이제부터 바지를 살 때는 정면만이 아니라 옆과 뒤까지 전부 거울을 보고 체크해 봐. 남자의 뒷모습은 상상 이상으로 눈에 띈다는 사실을 잊지 말고. 그리고 바지 길이도 매우 중요해. 시대의 변화에 따라 가장 민감하게 반응하는 것 역시 바지 길이지. 이상적인 길이는 바짓단이 앞은 발등에 가볍게 스치고 뒤는 자연스럽게 떨어지는 거야. 뒤에서 보면 바지 주름이 곧장 뻗어 있어서 다리가 날씬하고 길어 보여. 너무 짧으면 빈티나 보이니까 주의하고.

Styling A

크리스(crease)는 흔히 바지 앞 주름을 말하는 것으로, 다림질로 바지 중심에 깔끔하게 만든 접는 선을 가리킨다. 확실하게 서 있지 않으면 깔끔해 보이지 않는데, 장시간 앉아 있거나 해서 방치하면 사라져 버리기 때문에 철저한 관리가 필요하다.

Styling B

다리가 길고 날씬하게 보이고 싶다면 정확한 바지 길이는 필수다. 구두 굽에 따라, 종류에 따라 차이는 있지만 보통 바지의 앞부분이 구두 등을 살짝 덮는 길이가 적당하다. 이때 발목 부분의 바지 라인은 자연스럽게 살짝 접힌다.

Pants 2 Chino Pants

치노 팬츠

정장 바지나 청바지와 마찬가지로 남자의 옷장에 꼭 필요한 것 중 하나가 바로 치노 팬츠 chino pants이다. 흔히 '면바지'라 불리는 치노 팬츠는 남자와 친숙하고 크게 계절에 구애받지 않으며, 캐주얼 스타일부터 가벼운 클래식 스타일까지 두루두루 잘 어울린다. 치노 팬츠라는 이름은 스페인어로 중국인을 의미하는 '치노스 chinos'에서 유래했다. 치노스는 원래 제1차 세계대전 당시 필리핀에 주둔했던 미국 육군이 작업복으로 사용하던 바지였다. 치노는 영국의 맨체스터 Manchester에서 생산되어 인도를 거쳐 중국으로 수출되었는데, 이것이 미군에게 전해지게 되고 치노 팬츠를 군복으로 채용했던 것이 계기가 되어 번성한 것이다. 군용이었던 치노는 세월이 흘러 누구나 친숙하고 편하게 입을 수 있는 캐주얼의 대표 주자가 되었다.

그렇다면 치노 팬츠를 잘 입으려면 어떻게 해야 할까? 치노는 특유의 편안한 이미지 때문에 자칫 심심하고 지루해 보이기 쉬우니,

Gentleman Image Tuning

상의와 구두로 적절히 포인트를 주는 것이 좋다. 캐주얼뿐 아니라 격식 있는 자리에서 슈트의 대안으로 선택되기도 한다. 다소 딱딱해 보이는 슈트 대신 투 버튼 재킷과 함께 밝은 컬러의 치노를 선택하면 어른스러운 캐주얼을 연출했다는 인상을 줄 수 있다. 치노 팬츠를 입고 실크 타이를 매는 건 패션 테러리스트들이나 하는 짓이다. 반드시 코튼이나 니트 소재로, 무채색보다는 밝은 톤으로, 무늬가 없는 것보다는 있는 타이가 훨씬 감각 있어 보인다.

+α 치노 팬츠 길이(chino pants length)

나이 든 남자가 캐주얼 바지 차림이 잘 어울리면 더욱 멋스럽게 보인다. 그러기 위해서는 서 있을 때 절대로 양말이 보여서는 안 된다. 길이는 캐주얼 슈즈의 발등을 살짝 덮는 길이를 선택한다. 베이지와 네이비 치노 팬츠를 충분히 입었다면 파스텔 톤이나 원색에도 관심을 가져 보자. 상의와 잘 매치하면 파스텔 톤 치노 팬츠는 부드러운 이미지를, 화려한 원색은 스타일에 포인트가 될 것이다.

① 벨트 루프(belt loop) : 벨트를 넣기 위해 허리 주위에 붙인 루프를 가리킨다. 치노 팬츠의 경우 튼튼해야 하기 때문에 두껍게 만들어져 있다.
② 코인 포켓(coin pocket) : 치노 팬츠의 프런트 사이드에 있는 손가락 3개 크기 정도의, 잔돈을 넣기 위한 작은 포켓이다.
③ 턱(tuck) : 허리 부분을 편하게 만들기 위해 여분의 원단을 접은 것을 말한다. 1개 접은 것은 원 턱, 2개 접은 것은 투 턱이다.

 그녀의 취향

나이 든 남자가 캐주얼을 멋지게 소화해서 입고 있으면 젊은 남자에게선 볼 수 없는 노련함 같은 게 느껴져. 똑같은 치노 팬츠를 입고 남다른 매력을 발산하려면 역시 실루엣이야. 아직도 편안한 착용감을 못 버려 원 턱, 아니 투 턱 바지를 고집하는 남자들이 있는데 원 턱 치노 팬츠만 봐도 허벅지 라인의 볼륨 때문에 허벅지 라인이 둔해 보이고, 밑위길이가 상대적으로 길어서 골반이 넓어 보여. 체구가 작은 동양인일수록 슬림한 하의를 입어야 키도 커 보이고 엉덩이도 올라가 보이는 효과를 얻을 수 있으니 잊지 마. 그리고 치노는 잘 늘어나니 노 턱 팬츠라도 크게 불편한 느낌 없이 입을 수 있어. 치노 팬츠부터 노 턱으로 입다 보면 다른 바지들도 노 턱이 자연스럽게 느껴질 거야. 그리고 내가 목숨 걸고 강조하는 바지의 실루엣! 무릎에서 발목 아래로 살짝 좁아지는 테이퍼드 라인 tapered line 으로 입어야 다리가 길어 보이고, 앞 주름이 확실하게 들어가 있는 걸 입어야 늙은 고시생처럼 안 보여.

Styling A

전체적으로 벙벙해 보이지 않으면서 허벅지는 살짝 낙낙하고, 아래로 내려갈수록 슬림해져 밑단 폭이 18~19cm쯤 되는 것이 이상적이다. 소재는 살짝 뻣뻣한 감이 있어야 원단 자체의 힘 때문에 바짓단의 롤업을 잘 유지할 수 있고, 주름이 적은 것을 골라야 가벼운 클래식 룩으로도 유용하게 입을 수 있다.

Styling B

치노 팬츠도 길이가 점점 짧아지는 것이 추세지만, 다리를 대놓고 드러내는 것은 남자가 할 일이 아니다. 바지에 주름이 생기지 않으면서 복숭아뼈 부근에 닿는 길이가 최적이다. 로퍼(loafer)를 신을 때만은 복숭아뼈가 살짝 보이도록 롤업하는 것이 경쾌하게 보인다.

Pants 3 Denim Pants

데님 팬츠

무릇 어른 남자란 데님 denim을 청춘과 반항의 상징이라 생각하지 않고 다양한 옷차림에 적용할 줄 아는 사람이어야 한다. 캐주얼 룩 casual look 에도, 포멀 룩 formal look 에도 모두 잘 어울릴 수 있는 데님을 고를 때는 트렌디한 디자인보다 베이식에 초점을 둔 것을 선택한다. 워싱 washing 처리를 하지 않은 인디고 데님 indigo denim 이나 짙은 네이비 컬러에 적당히 슬림한 테이퍼드 스타일을 고른다면 옷장 속의 포멀한 재킷과 매치해도 전혀 어색하지 않다.

사실 청바지는 디테일에 따라 촌스러울 수도, 고급스러울 수도 있는 고난도 아이템이다. 포멀하게 입을 청바지를 고를 때는 무조건 몸에 딱 맞는 것보다는 허벅지부터 밑단까지 자연스럽게 떨어지는 클래식 실루엣을 선택하는 게 좋다. 길이는 바짓단을 접었을 때 복숭아뼈를 살짝 덮는 정도가 적당하다. 밑단 폭은 전체적인 바지 느낌과 상의와의 밸런스를 맞추는 것이 중요하다. 천의 얼굴을 가진 청바지는 어떤 옷차림에나 무난하게 어울리지만 아메리

Gentleman Image Tuning

칸 스타일로 댄디하게 입을 때 가장 단정하고 깔끔한 스타일이 완성된다. 네이비 계열의 블레이저를 선택하고 클래식한 무드의 액세서리를 더하면 지나치게 캐주얼해 보이지도, 부담스럽게 클래식하지도 않은 데님 룩을 연출할 수 있다. 또 캐주얼하게 입을 청바지를 고른다면 가장 주의해야 하는 것이 워싱이다. 워싱의 정도나 위치에 따라 청바지의 이미지가 완전히 달라질 수 있기 때문인데, 인위적인 느낌보다 자연스럽게 세월의 흔적이 묻어난 것을 고르는 것이 중요하다.

+α 워싱(washing)

원래 인디고 컬러의 데님 직물은 뻣뻣하고 무거워 착용에 불편하다. 이런 불편을 해소하기 위해 반복 세탁을 통해 촉감과 컬러를 부드럽게 만드는 워싱 가공은 치노 팬츠나 카고 팬츠 등 대부분의 팬츠에 적용되고 있지만 역시 데님이 가장 멋스럽다. 생지 데님을 구입해 자신만의 워싱을 만드는 것은 젊은 애들이나 할 일이다. 시간의 흔적이 잘 드러나 보이는 워싱 데님이 얼마든지 나와 있다. 그것을 구입하면 된다.

① 버튼 플라이(button fly) : 단추로 된 여밈을 뜻한다. 플라이란 숨기는 천을 말하는데, 개폐 방식이 버튼이라면 '버튼 플라이', 지퍼라면 '지퍼 플라이'라고 한다.
② 프런트 포켓(front pocket) : 데님 프런트 양쪽에 부착된 포켓이다. 오른쪽에는 '코인 포켓'이라고 하는 작은 포켓이 있는 경우도 있다.
③ 셀비지(selvedge) : 원단 끝부분의 풀림 방지 처리를 말한다. 천의 가장자리에 사용한 색실에 따라 부르는 이름이 다르다.

 그녀의 취향

이번엔 오빠한테 무지하게 낯선 아이템 하나를 추천할까 해. 다름 아닌 화이트 데님이야. 제비들이 입는 '백바지' 아니냐고? 쉽게 때가 탈 텐데 어떻게 하냐고? 너무 캐주얼하지 않으냐고? 자, 들어 봐. 사실 이 화이트 데님은 카우보이들의 포멀 웨어로 탄생한 옷이야. 서부 영화를 한 번 떠올려 봐. 카우보이들의 일상복은 위아래 모두 데님이잖아. 그들은 파티나 예식 등에서는 화이트 데님을 정장으로 입었어. 그런 이유로 화이트 데님은 어딘가 드레시한 인상을 주지. 무엇보다 화이트 데님의 가장 큰 장점은 깔끔함이야. 더블 브레스티드 재킷과 매치하면 모던 클래식 룩을 연출하기에 좋고, 경쾌한 느낌을 살리고 싶을 때는 스트라이프 티셔츠 한 벌로 손쉽게 머린 룩을 연출할 수 있어. 머린 룩을 연출하기 위해서는 스트레이트 피트를 고르고 바지 길이는 청바지처럼 길게 입는 것이 아니라, 치노 팬츠처럼 양말이 보일락 말락 한 정도의 길이가 딱 좋아. 때가 타서 더러워지는 것은 걱정 마. 세탁기에 막 돌려도 문제없는 것이 데님이잖아. 이제 됐지?

Styling A

컬러 톤에 따라 데님의 성격도 달라지기 마련이다. 포멀 룩에는 짙은 네이비 컬러의 데님으로 진중하고 중후한 멋을, 캐주얼 룩에는 가벼워 보이는 은은한 톤의 블루 데님으로 경쾌한 느낌을 준다.

Styling B

캐주얼한 느낌이 강한 워싱 청바지를 연출할 때는 경쾌하고 활기차 보이지만 절대 가벼워 보이지 않아야 한다. 전체적인 스타일을 너무 캐주얼하지 않게 정돈해야 하는데, 포인트 액세서리에 고급스러움을 더하는 것이 좋은 방법이다.

Pants 4 Cargo Pants

카고 팬츠

카고 팬츠cargo pants의 카고cargo란 '화물'을 뜻한다. 이름에서도 알 수 있듯이 카고 팬츠는 화물선에서 하역 작업에 종사하는 노동자들이 애용하던 작업복이었다. 양쪽 다리에 있는 커다란 플랩이 달린 패치 포켓patch pocket 때문에 '건빵 바지'라고 부르기도 한다.

원래 이 주머니는 주로 군복이나 정비 분야에서 애용되던 아이템이었는데, 전시에 필요한 작은 장비들을 수납하거나 바이크bike 또는 자동차의 작은 부속과 공구를 휴대하기에 적합했기 때문이다. 이렇게 작은 물건을 휴대하기 위해 팬츠에 주머니를 달면서 카고 팬츠가 시작되었다. 처음엔 활동성과 실용성을 모두 만족시키는 헐렁하고 큰 주머니가 있는 것이 인기였지만, 지금은 납작한 플랩 포켓이 달린 날씬한 카고 팬츠가 트렌드라는 것을 잊어서는 안 된다.

Gentleman Image Tuning

바지를 고를 때 가장 중요한 것이 바로 피트fit인데, 특히 캐주얼한 바지일수록 허리에서 발목 쪽으로 내려가면서 폭이 좁아지는 형태의 슬림한 피트를 입어야 '아저씨'라고 불리지 않을 수 있다. 게다가 어른 남자의 품격 있는 카고 팬츠로 보이려면 역시 크리스 라인crease line, 즉 바지 주름선이 확실해야 한다. 그래야 캐주얼은 물론 드레시한 재킷과 함께 스타일링해도 잘 어울린다.

+α 뉴 카고 팬츠(new cargo pants)

팬츠의 멋은 잘빠진 피트에 있다. 울룩불룩한 주머니 탓에 늘씬한 다리 라인을 보여줄 수 없었던 헐렁했던 카고 팬츠는 어느새 슈트 팬츠보다 날렵하고 슬림한 피트로 섹시하게 어필하고 있다. 밀리터리 스타일과 라이더 패션이 유행하면서 납작한 플랫 포켓이 있는 슬림한 피트의 카고 팬츠는, 캐주얼 영역을 넘어 슈트의 영역까지 넘보고 있다. 상황이 이렇다 보니 포켓의 기능은 대부분 상실하고 점점 장식적인 효과만 남아 있는 추세다.

① 플랩 포켓(flap pocket) : 카고 팬츠를 비롯해 밀리터리 계열의 팬츠에 있는 플랩(뚜껑)이 달린 포켓이다.

② 카고 포켓(cargo pocket) : 아코디언에서 볼 수 있는 주름처럼 원단을 접어 넣은 커다란 포켓이다. 보는 것 이상으로 수납이 많이 된다.

③ 드로 코드(draw code) : 밑단 사이즈나 실루엣을 조절하기 위해 만든 부분으로 '드로스트링' 이라고도 한다.

 그녀의 취향

어떻게 롤업하느냐에 따라 똑같은 팬츠도 풍기는 느낌이 전혀 달라질 수 있어. 우선 2~3cm의 폭으로 바짓단을 한 번만 접어 올리는 '턴업 turnup'은 깔끔한 이미지를 연출하기에 가장 좋은 방법이야. 바지의 밑단을 살짝 접어 올려 재봉된 밑단 부분과 안쪽 면의 비율을 1:1 정도로 만들면 끝인데, 팬츠가 복사뼈에 살짝 걸치는 정도여야 깔끔한 실루엣으로 완성되니까 무엇보다 팬츠의 길이가 중요해. 다음으로 3~4cm의 폭으로 바짓단을 말아 올리는 '트림 커프 trim cuff'는 다양한 롤업 방법 중 가장 깔끔한 느낌을 풍기는 방법이야. 트림 커프로 바짓단을 마무리할 때는 무엇보다 롤업 횟수가 중요한데, 새끼손가락 한 마디 정도의 넓이로 두 번 정도만 접는 것이 좋아. 마지막으로 '더 롤 the roll'은 간단하게 세련된 분위기를 연출할 수 있는 방법이야. 바짓단의 폭이 두꺼워지지 않도록 주의하면서 바짓단을 누르듯이 간격이 일정하지 않게 구깃구깃 접어 말아 올리고 마지막엔 접힌 밑단을 위에서 아래로 눌러 억지로 구김을 만드는 게 포인트야.

Styling A

카고 팬츠의 가장 큰 장점은 편안한 착용감과 활동성, 실용성 높은 아웃 포켓 디테일이다. 카고 팬츠의 특징인 이 포켓은 이제 실용적이라기보다 장식적인 효과가 더 커졌다. 고급스러운 컬러를 선택하면 캐주얼 스타일을 더욱 돋보이게 만들 것이다.

Styling B

카고 팬츠는 기본적으로 빈티지한 느낌이 강하기 때문에 티셔츠나 캐주얼 셔츠 등과 코디하는 것이 일반적이다. 하지만 정반대로 포멀한 블레이저와 드레스 셔츠, 윙 팁 구두와 매치하면 색다른 비즈니스 캐주얼 룩을 연출할 수 있다.

Pants 5 Corduroy Pants

코듀로이 팬츠

남자의 겨울이 여름보다 좋은 이유는 코듀로이나 플란넬, 트위드 같은 다양한 소재의 팬츠를 활용할 수 있어서이다. 그중에서도 흔히 '골덴 바지'라 불리는 코듀로이 팬츠 corduroy pants 는 견고하면서도 부드럽고, 비즈니스에 어울리면서도 캐주얼한 겨울철 필수 아이템이다. 코듀로이의 어원은 프랑스어의 코르드 뒤 루아 corde du roi 로 '임금의 밭이랑'이란 뜻에서 유래했다. 누빈 것처럼 골이 지게 짠 직물로 내구성이 강해 지금은 계절을 가리지 않고 활용하고 있다. 그러나 역시 튼튼하고 소박한 세로 골이 주는 부드러운 인상의 소재와 트위드에 뒤지지 않는 투박한 매력은 차가운 계절에 빛을 발한다. 따라서 가을 겨울용의 따뜻한 소재와 맞춰서 스타일링하는 쪽이 훨씬 잘 어울린다.

분명 코듀로이의 매력은 소재가 주는 고급스러움과 여유로운 분위기이다. 하지만 도톰한 소재가 조금 둔탁해 보일 수 있기 때문에 코듀로이 팬츠를 선택할 때 놓치지 말아야 할 것이 바로 늘씬

Gentleman Image Tuning

한 실루엣이다. 이때 골의 간격은 팬츠의 실루엣을 결정하는 가장 큰 요소로 작용한다. 골이 넓은 것과 촘촘한 것 중 하나만 고른다면 경쾌한 느낌의 골이 촘촘한 코듀로이로 골라야 슬림하고 멋스럽게 입을 수 있다. 그동안 여유로운 실루엣으로 위크엔드 캐주얼 스타일에 자주 활용했다면, 이제부터는 골의 간격이 좁은 것을 골라 더욱 날렵하고 경쾌하게 보이는 포멀 스타일 formal style 을 연출해 보자.

+α 바짓단(pants cuff)

바짓단의 처리 방식은 일반적으로 싱글, 더블, 그리고 모닝 커트 이렇게 세 가지이다. 원래 포멀한 슈트 팬츠는 바짓단을 접어 올리지 않는 싱글을 선택한다. 이때는 구두 등을 살짝 덮는 정도의 길이가 적당하다. 그리고 바짓단을 접어 올린 더블은 포멀 팬츠보다 짧게 입어야 한다. 더블은 몽크 스트랩 슈즈처럼 발등이 높이 올라오는 구두와 잘 어울린다. 바짓단을 뒤로 비스듬히 처리한 모닝 커트는 다리가 길어 보이는 효과가 있다.

Corduroy Pants

뛰어난 보온성과 편안함이 무기인 코듀로이 팬츠는 여유로운 실루엣으로 위크엔드 캐주얼 룩에 자주 활용되는 아이템이다. 이 코듀로이 팬츠가 올 시즌에는 포멀 룩의 새로운 트렌드로 떠올랐다. 경쾌한 포멀 룩을 연출할 수 있으니 소재의 장점을 살려 더욱 멋스러워진 코듀로이 팬츠의 매력을 만나 보자.

 그녀의 취향

사실 계절의 구분이 무색해진 요즘 겨울 팬츠를 반드시 장만하라고 강조하고 싶지는 않지만, 보기에도 입기에도 따뜻해 보이는 모직 팬츠는 오빠의 포근함을 어필하는 데 부족함이 없을 거야. 흔히 '울 팬츠'라 불리는 모직 팬츠는 털실로 직조한 원단으로 만든 팬츠를 말하는데, 재질이 두툼해 겨울 팬츠로 제격이면서 젠틀한 이미지를 연출하는 최적의 아이템이야. 그중에서도 특히 울 플란넬 팬츠를 추천하고 싶어. 기모 가공한 모직물인 플란넬은 은은하게 흐르는 광택감이 우아하면서도 럭셔리한 느낌을 주기 때문에 오빠를 더욱 멋스럽게 만들 거야. 그리고 겨울이 깊어 가면 갈수록 세상의 모든 남자들은 검은색과 회색 옷만 입잖아. 이럴 때야말로 밋밋한 단색 팬츠 대신 체크 팬츠에 도전해 봐. 서로 다른 색의 가로세로 줄이 엇갈려 훨씬 멋스럽고 의외로 상의를 매치하기도 수월하다니까. 오빠가 남색과 회색이 적절히 섞인 색상과 두 가지 이상의 체크무늬가 섞인 오버체크 무늬의 울 플란넬 팬츠를 입고 나온다면 가슴이 뛸 것 같아.

Styling A

두껍고 헐렁해 보이는 코듀로이의 단점을 보완하려면 슬림 스트레이트 스타일을 선택하는 것이 좋다. 코듀로이의 신축성 때문에 슬림한 사이즈를 입어도 편안하다.

Styling B

코듀로이의 또 다른 장점은 부담스러운 컬러도 편안하게 소화한다는 것이다. 카키나 베이지처럼 베이식한 컬러는 물론이고 화려한 컬러를 선택하더라도 좀 더 진중한 느낌의 옷차림을 연출할 수 있다.

Pants 6 Sweat Pants

스웨트 팬츠

운동할 때나 동네 당구장에 갈 때 입던 '추리닝 바지'가 스웨트 팬츠 sweat pants라는 트렌드 아이템으로 환골탈태했다. 날렵한 실루엣과 고급스러운 소재로 중무장해 멋쟁이들을 위한 필수 아이템으로 자리 잡은 것이다. 가벼운 데다가 입었을 때의 부드러움이 멋스러움과 편안함을 동시에 느끼게 해준다. 이 스웨트 팬츠를 입을 때 가장 신경 써야 할 것은 집에서 뒹굴다가 나온 것 같은 인상을 주지 않아야 한다는 점이다. 추리닝 바지와 분명하게 차별화시키려면 무릎이 튀어나온 펑퍼짐한 모습이 아니라 좁고 늘씬한 실루엣을 지켜내야만 한다. 따라서 편안하면서도 멋스러운 스타일을 유지하기 위해 아래로 내려올수록 폭이 좁아지는 테이퍼드 실루엣 tapered silhouette인지, 발목 부분의 리브 처리가 단단한지 등을 꼼꼼히 살펴 골라야 한다.

몸에 꼭 맞는 팬츠의 피트는 다리가 길어 보이게 하면서 도회적인 이미지를 연출하고, 캐시미어나 울을 혼방한 소재는 여느 팬츠에선 찾아볼 수 없는 고급스러운 느낌을 완성한다. 스웨트 팬츠는 밝은

Gentleman
Image Tuning

회색이 대세인데, 이 컬러가 부담스럽다면 네이비나 블랙처럼 어두운 톤을 선택해서 실패할 확률을 줄일 수 있다. 허리의 드로스트링을 사용하여 골반에 살짝 걸치는 기분으로 허리 사이즈를 조절하면 더욱 멋스럽다. 캐주얼한 요소가 강한 아이템이니만큼 액세서리는 고급스러운 것으로 매치한다.

+α 테이퍼드 실루엣(tapered silhouette)

테이퍼드 실루엣이란 슈트나 코트 등의 실루엣이 아래로 내려가면서 점점 좁아지는 것을 말한다. 테이퍼드 실루엣 팬츠는 허리에서 바지 밑단으로 내려가면서 통이 점점 좁아진다. 체형에 관계없이 다리 라인을 멋져 보이게 만들기 때문에 포멀한 슈트 팬츠를 제외한 모든 바지에 적용하면 좋은 실루엣이다. 전체적으로 슬림한 테이퍼드 팬츠는 바짓단이 구두에 닿지 않게 입으면 더욱 세련되어 보인다.

비즈니스 캐주얼의 모범 답안인 블레이저에 치노 팬츠 매치가 식상하게 느껴진다면 스웨트 팬츠를 투입해 보자. 테일러드 재킷에 스웨트 팬츠를 입으면 신선하면서도 색다른 느낌의 경쾌한 스타일로 완성된다. 좀 더 캐주얼하게 연출하고 싶을 때는 스니커즈를 곁들이면 된다.

 그녀의 취향

20대도 훌쩍 지난 오빠 나이에 캐주얼을 너무 캐주얼하게만 입으면 나잇값 못한다는 소리를 들을 수도 있어. 캐주얼도 진중한 느낌으로 입어야 럭셔리하게 보이는 법이야. 특히 캐주얼 팬츠의 고급스러움을 강조하고 싶다면 턴업을 추천할게. 턴업은 슈트나 슬랙스 같은 정장 바지에만 하는 게 아니라 오빠의 단정하고 깔끔한 매력을 보여주고 싶을 때라면 언제든지 연출할 수 있는 방법이야. 가장 먼저 시도해 볼 턴업은 4cm야. 단정한 비즈니스 룩에 가장 적합한 길이인데 바지의 폭이 좁지 않아야 좀 더 자연스럽게 보여. 0.5cm 더 올려볼까? 4.5cm 턴업을 할 때 팬츠의 길이는 약간 짧다고 느껴질 만큼 구두의 발목 끝에 살짝 걸리는 정도가 가장 이상적이야. 이제 좀 더 과감해져도 괜찮겠지? 그렇다면 5~5.5cm에 도전해 보자. 이 정도의 턴업을 경쾌하게 입어내려면 코튼 팬츠에 적용하면 돼. 특히 복사뼈를 살짝 가릴 정도로 짧은 길이와 함께 발목이 시원하게 드러나는 로퍼를 매치한다면 넓은 턴업이 눈길을 사로잡을 거야.

Styling A

키가 작고 마른 남자는 몸에 피트되는 스웨트 팬츠에 상의는 단단한 어깨의 재킷이나 우아한 카디건을 매치해야 키가 커 보인다. 하체가 통통한 편이라면 내핑(napping) 처리를 생략한 얇은 원단으로 만든 것이 더 좋다.

Styling B

추리닝 바지와 분명하게 차별화하고 편안하면서도 멋스러운 스타일을 유지하고 싶다면 아래로 내려올수록 폭이 좁아지는 테이퍼드 실루엣이어야 한다. 발목 부분의 리브 처리가 단단한지도 반드시 확인한다.

Pants 7 Short Pants

쇼트 팬츠

몇 년 전까지만 해도 격식을 차려야 하는 자리나 공공장소에서 남자가 반바지를 입고 나타나는 것은 상상할 수도 없는 일이었다. 하지만 지구온난화로 여름이 점점 길어지고 전력난까지 겹치자 쿨 비즈 cool biz를 넘어 슈퍼 쿨 비즈 super cool biz 까지 얘기하며 남자의 반바지를 허용하기 시작했다. 무더운 여름엔 역시 시원한 반바지만 한 것이 없기 때문이다. 집 앞 슈퍼에 갈 때나 입는 후줄근한 반바지는 이제 기억에서 지우고, 우아하게 쇼트 팬츠 short pants를 입어 보자. 길이는 짧되 품위와 진중한 매력은 고스란히 지닌 반바지라야 어른 남자에게 어울린다.

쇼트 팬츠 자체가 이미 파격으로 느껴지니 디자인이나 컬러 등의 요소는 최대한 단정하고 깔끔한 것을 고르는 것이 좋다. 확실하게 무릎을 드러내는 날렵한 실루엣의 쇼트 팬츠가 정답이다. 무릎을 가리면 다리가 더 짧아 보이고, 답답한 느낌이 들기 때문이다. 서른을 넘긴 남자가 반바지를 입을 때는 반드시 재킷과 함께 입어

Gentleman Image Tuning

야 한다. 여름용 소재의 재킷은 이럴 때 입으라고 나온 것이다. 또 반바지를 세련되게 입고 싶다면 로퍼 loafer 나 보트 슈즈 boat shoes 정도는 신어줘야 한다. 단 로퍼를 신을 때 양말은 신지 말자. 반바지 차림에 양말을 발목까지 노출하는 것 또한 패션 테러리스트들이나 하는 짓이다. 반바지를 입고 드러난 하얀 다리에 듬성듬성 난 새까만 털은 흉물스럽고, 무릎이나 복숭아뼈에서 하얀 각질이 보이면 빈티나 보인다. 노출 전의 털과 각질 관리는 이제 여자들만 하는 게 아니다.

+α 플리츠 팬츠(pleats pants)

원래 클래식한 슈트 팬츠에는 주름이 좌우로 2개가 들어가는 것이 원칙이다. 그중에서도 주름이 바깥쪽으로 향해 있는 레귤러 플리츠 regular pleats 가 정통이다. 주름이 안쪽으로 향해 있는 리버스 플리츠 reverse pleats 도 있다. 하지만 최근에는 날씬한 라인이 유행하면서 주름이 없는 플랫 프런트 flat front 가 주류를 이룬다. 이때는 옆으로 비스듬히 주머니를 만들거나 주머니 가장자리를 천으로 장식한 웰트 포켓 같은 디테일한 요소가 감각 있게 보인다.

버뮤다 쇼츠(Bermuda shorts)
영국령인 버뮤다 제도에서 애용되어서 이런 이름이 붙은 반바지다. 이 섬에서는 긴 길이의 양말과 맞추면 정장으로서 공식적인 자리에서도 입을 수 있다고 한다. 무릎이 보일 정도의 길이이며, 바짓부리는 홀쭉하게 되어 있고 대개 같은 천으로 된 웨이스트 밴드(waist band)가 달려 있다.

 그녀의 취향

지금까지 살펴본 것처럼 남자의 모든 옷차림은 상의와 하의, 이렇게 이등분으로 입게 되어 있어. 따라서 상의와 하의를 맞추는 밸런스 감각이 스타일을 결정한다고 해도 과언이 아니지. 그래서 오빠가 꼭 기억했으면 하는 상의와 하의 황금 밸런스를 알아볼게. 우선 타이트한 하의에는 코트처럼 길이가 긴 아우터가 좋은 궁합이야. '위는 길게, 아래는 타이트하게' 라고 기억해둬. 안에 받쳐 입는 이너 웨어는 헐렁한 것보다 딱 맞는 사이즈로 입어야 보다 세련되어 보여. 다음으로 크지도 작지도 않은, 오빠 몸에 딱 맞는 사이즈의 팬츠를 선택하고 걸치는 아우터도 똑같이 딱 맞는 사이즈로 선택하는 것이 정답이야. 짧은 길이의 아우터라면 유치하게 보일 수 있고 반대로 긴 길이의 아우터는 촌스럽게 보여. 마지막으로 통이 넓은 와이드 팬츠라면 짧은 길이의 아우터를 매치하는 거야. 전체 실루엣을 A라인으로 완성하면 투박한 와이드 팬츠라도 어른스러운 분위기로 연출할 수 있어.

Styling A

무릎길이의 반바지는 어중간하게 시선을 분산시키기 때문에 자칫 키가 작아 보이는 역효과를 낼 수 있다. 가능하면 무릎 위 3~4cm 정도로 허벅지를 드러내는 게 좋고, 애매하게 무릎을 스치는 길이라면 아랫단을 접자.

Styling B

반바지는 시원한 것이 장점인 반면 자칫 가벼워 보일 수 있다. 캐주얼한 티셔츠 대신 깔끔하고 모던한 셔츠와 매치해 단점을 커버하자. 이때 셔츠를 반바지 안에 넣는데 무거운 통가죽 벨트 말고, 가벼운 캔버스나 위빙 벨트를 활용한다면 더할 나위 없이 멋지다.

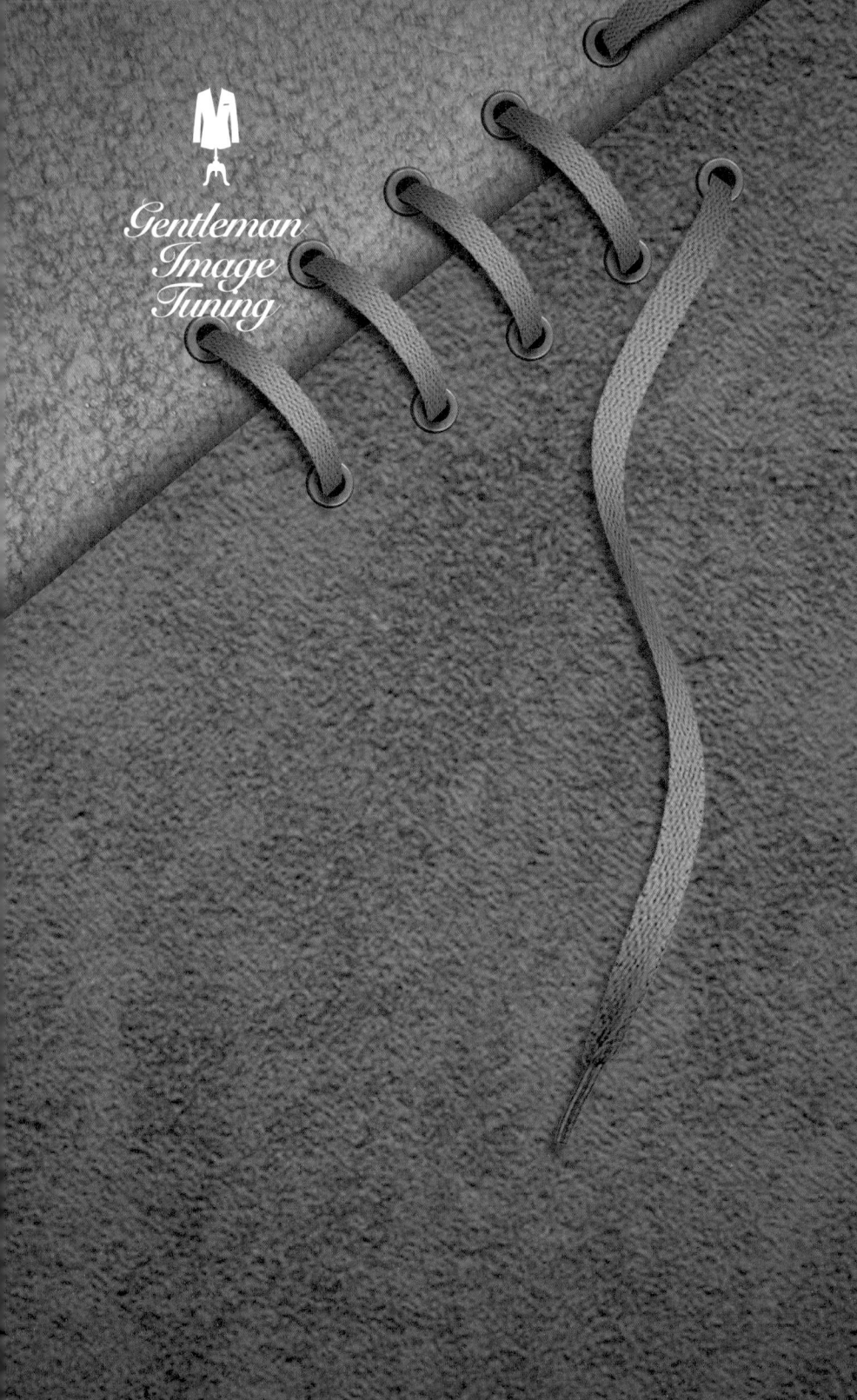

Chapter 9. *Shoes*

1. 스트레이트 팁
2. 윙 팁
3. 몽크 스트랩
4. 로퍼
5. 처커 부츠
6. 데저트 부츠
7. 데크 슈즈

Shoes 1 Straight Tip Shoes

스트레이트 팁

슈트 스타일링 suit styling 의 마침표는 어떤 구두를 선택하느냐에 달려 있다. 아무리 멋지게 슈트를 차려 입었다고 해도 구두를 잘못 고르면 그날의 스타일링은 실패할 수밖에 없다. 그렇다. 스타일은 구두에서 완성된다. 남자의 스타일을 완성해줄 첫 번째 구두는 다름 아닌 검은색 스트레이트 팁 straight tip 이다. 발등 부분에 가로로 일자 장식이 있는 끈 달린 구두로, 가장 클래식하고 포멀성이 높다. 구두코에 바늘구멍이나 스티치 장식이 가로로 둘러져 있는 스트레이트 팁 구두는 '세미브로그 semi-brogue' 라고 불리며 간결하고 고상한 이미지를 준다. 검은색 스트레이트 팁은 고급스러운 인상을 주며 관혼상제를 비롯한 격식 있는 자리에 가장 잘 어울린다. 짙은 남색이나 어두운 회색의 클래식 슈트 classic suit, 흰 와이셔츠, 네이비 바탕에 작은 흰 물방울무늬 넥타이를 코디네이트하면 세계 어느 파티 장소라도 갈 수 있다. 지나치게 격식을 차린 것처럼 보일 수 있으니 출퇴근용이라면 갈색 스트레이트 팁을 선택하자.

Straight Tip Shoes

스트레이트 팁(straight tip)
구두가 검은색이든 갈색이든 구두와 벨트의 색은 반드시 맞춘다. 검은색 구두를 신는다면 검은색 벨트를, 갈색 구두를 신는다면 갈색 벨트로 완성한다. 더욱 완벽한 스타일링을 원한다면 가방의 손잡이나 가죽 밴드 시계의 가죽 색까지도 모두 구두 색과 통일한다. 빈틈없고 세련된 스타일로 완성될 것이다.

Shoes 2 Wing Tip Shoes
윙 팁

구두코 부분에 W자 모양의 재봉선을 넣은 슈즈로 앞코에 장식된 구멍 장식이 특징이다. 아일랜드와 스코틀랜드의 농부들이 신발 안에 고인 물을 원활히 빼기 위해 신발에 구멍을 뚫은 데서 유래한 이 장식은 이제 실용성보다는 심미적 효과를 위해 사용되고 있다. 날개를 펼친 새의 모양을 닮았다고 하여 '윙 팁 wing tip'이라고 부른다. 원래 영국식 구두 중 가장 격식 있는 슈즈였지만 이제는 클래식 슈즈, 캐주얼 슈즈를 막론하고 다양한 소재와 컬러로 인기가 높다. 윙 팁 슈즈가 인기 있는 이유는 화려한 장식이 있음에도 불구하고 어떤 옷차림이든 잘 어울려 어려움 없이 스타일링을 즐길 수 있기 때문이다. 화려하면서도 포멀한 느낌을 내기에 윙 팁 슈즈만 한 게 없다. 우아한 멋을 내기에는, 심심한 플레인 토 슈즈 plain toe shoes 보다 화려한 날개 모양의 펀칭 punching 장식이 있는 윙 팁 슈즈가 더 좋다. 클래식한 윙 팁 슈즈는 신사들에게 세련미를 더해주며, 또 장식의 특성상 캐주얼한 느낌으로도 연출할 수 있다.

Wing Tip Shoes

윙 팁(wing tip)
끈 달린 구두 중에서는 조금 스포티한 인상을 가진 스타일이다. 특히 스웨이드(suede) 소재의 윙 팁 슈즈는 편안한 캐주얼 스타일에 더욱 잘 어울린다. 스니커즈만큼이나 모든 룩에 잘 어울리는 아이템이다. 윙 팁 슈즈 한 켤레가 남자의 발에 날개를 달아줄 것이 분명하다.

Shoes 3 Monk Strap Shoes

몽크 스트랩

클래식 스타일을 연출할 때 유일하게 매치할 수 있는 끈 없는 구두는 몽크 스트랩 슈즈 monk strap shoes다. 몽크 monk는 '수도승'이라는 의미로 15세기 알프스 지역의 수도승들이 단순한 형태로 발목을 고정시키는 버클 달린 신발을 신었는데, 이후 이 신발이 점차 진화하면서 스트랩 strap과 버클 buckle 장식이 포인트인 몽크 스트랩 슈즈가 탄생된 것이다. 구두끈 대신 스트랩을 더했으며 금속 버클 장식이 달려 있다. 버클이 1개인 싱글 몽크 스트랩 single monk strap과 버클이 2개인 더블 몽크 스트랩 double monk strap이 있는데 요즘은 더블 몽크 스트랩이 유행이다. 스트랩도 버클도 1개보다는 2개인 쪽이 훨씬 화려한 인상을 주기 때문이다. 모던한 슈트 스타일이나 재킷 팬츠 스타일에 매치하면 스마트한 인상을 연출할 수 있다. 구두끈이 없고 버클을 채우는 스트랩으로 발등을 조이는 몽크 스트랩은 담백하게 신는 게 더욱 멋스럽다.

Monk Strap Shoes

몽크 스트랩(monk strap)
싱글 몽크 스트랩을 신을 때는 지나치게 트렌디한 슈트와의 매치는 피하고, 기본형의 심플한 팬츠를 골라 구두의 섬세한 부분을 드러내야 우아하고 섹시한 느낌을 준다. 또 더블 몽크 스트랩을 신을 때 2개의 스트랩 중 1개는 풀어야 감각 있어 보인다.

Shoes 4 Loafer

로퍼

로퍼 loafer 는 노르웨이의 농부들이 신던 모카신 moccasin 에서 힌트를 얻어 만든 신발로 끈이나 단추 없이 신고 벗기 편한 낮은 굽의 슈즈를 말한다. U자 모양의 모카 스티치 mocca stitch 가 특징인 슬립온 slip-on 타입의 구두다. 로퍼의 사전적 의미는 '게으름뱅이'인데, 끈이 없기 때문에 특별한 노력 없이도 쉽게 신을 수 있으니 게으른 사람이 주로 선택한다고 해서 이런 이름이 붙었다. 로퍼는 끈을 묶을 필요가 없고 어디에서나 편하게 신기 좋은 신발이다. 구두끈 장식을 없앴다는 사실만으로도 캐주얼한 구두임에 틀림없다. 따라서 슬립온 스타일의 로퍼에 정통 슈트를 매치하는 것보다 재킷과 치노 팬츠 혹은 스웨터와 데님 팬츠 등 캐주얼한 옷에 더 잘 어울린다. 맨발에 신어도 굉장히 멋진 로퍼는 장식에 따라 나뉘는데, 발등에 달린 밴드에 반달 모양 구멍이 있는 로퍼는 페니 로퍼 penny loafer, 발등에 술 장식이 달린 것은 태슬 로퍼 tassel loafer 라고 한다. 태슬 장식이 발등으로 올라갈수록 다리가 길어 보이는 효과가 있다.

로퍼(loafer)

페니 로퍼는 영국 대학생들이 밴드 부분 틈새에 1페니 동전을 끼워 신은 데서 유래한 이름이다. 페니 동전을 끼우면 행운을 가져다준다는 의미였다고 한다. 또 태슬 로퍼의 술 장식은 영국 왕실에서 신는 신발을 모티브로 삼은 것으로 우아한 기품이 흐르는 것이 특징이다.

Shoes 5 Chukka Boots

처커 부츠

처커 부츠 chukka boots 는 폴로 경기를 할 때 선수들이 신던 신발이다. 폴로 경기에서 7.5분으로 이뤄진 1라운드를 '처커 chukka'라고 하는데, 당시 선수들이 신던 신발과 디자인이 비슷해 붙은 이름이다. 발목의 복사뼈를 살짝 가릴 정도의 높이로, 한 장의 가죽으로 심플하게 만들어진 플레인 토 형태가 일반적이며, 스웨이드 소재가 많이 쓰인다. 구두끈을 넣는 구멍인 아일릿 eyelet 은 보통 2~3개로, 적은 것이 특징이다. 군더더기 없는 매끈한 디자인에 클래식한 분위기가 깃든 신발이며 어떤 옷을 매치하느냐에 따라 포멀, 캐주얼을 가리지 않고 잘 어울리기 때문에 남자를 위한 전천후 슈즈라 칭하기에 손색이 없다. 처커 부츠는 두껍지 않은 스웨이드 소재를 주로 사용하기 때문에 부드러운 느낌을 준다. 보기에도 편안하지만 실제로도 착화감이 좋아 장시간 신기에 편하다. 클래식하고 포멀한 느낌보다는 캐주얼하고 편안해 보이는 이미지를 만드는 데 좋은 아이템이다.

Chukka Boots

처커 부츠(chukka boots)
캐주얼 슈트 차림에 매치해도 멋스럽고 반바지와 함께 신어도 좋은 처커 부츠는 계절에 구애받지 않고 신을 수 있지만 주로 가을과 겨울에 더 잘 어울린다. 다양한 패션에 어울리는 범용성이 높은 것이 특징이지만 격식이 필요한 자리라면 피하는 것이 무난하다.

Shoes 6 Desert Boots

데저트 부츠

제2차 세계대전 당시 이집트에 주둔했던 영국군이 모래 위에서도 행군을 쉽게 할 수 있도록 스웨이드와 가볍고 유연한 크레이프 솔 crepe sole을 사용한 군화를 만들었는데 거기에서 유래된 슈즈다. 크레이프 솔은 생고무를 층층이 쌓아 만든 고무 밑창을 말한다. 이것을 영국의 클락스 clarks 사가 '데저트 부츠 desert boots'라는 모델명을 붙여 최초로 상품화한 것이 계기가 되어 지금까지 그렇게 부르고 있다. 가장 클래식한 디자인은 캐멀 컬러 camel color의 스웨이드 소재 갑피에 단 2개의 신발끈 구멍을 뚫은 것인데, 캐주얼한 느낌이 강하기 때문에 아무래도 포멀한 정장에는 어울리지 않는다. 하지만 청바지에서 코튼 소재의 슈트까지라면 얼마든지 매치가 가능하다. 원래 사막 탐험용 부츠이다 보니 걷기 편하기 때문에 스니커즈 sneakers 처럼 신을 수 있는데, 너무 캐주얼한 인상이 아니라 적당히 우아한 분위기로 완성된다. 청바지와 코디할 때도 흰색 스니커즈를 신는 것보다 샌드 베이지 sand beige 의 데저트 부츠를 신으면 어른스러운 캐주얼로 연출할 수 있다.

Desert Boots

데저트 부츠(desert boots)
컬러는 샌드 베이지, 짙은 브라운, 검정이 기본이지만 캐주얼하게 신을 거라면 부드럽고 여유 있어 보이는 샌드 베이지를 추천한다. 이미 갖고 있다면 생산량이 적은 네이비를 선택해 멋있게 연출해 보자. 세련된 스타일로 마무리될 뿐 아니라 눈길을 사로잡는 데 일품이다.

Shoes 7 Deck Shoes

데크 슈즈

갑판 위에서 미끄러지는 것을 방지하기 위해 만든 데크 슈즈 deck shoes는 머린 룩 marine look 을 대표하는 아이템이다. 1935년 데크 슈즈의 창시자인 폴 스페리 paul sperry 는 갑판 위에서 미끄러지지 않는 슈즈를 고민하던 중 기르던 개가 얼음과 눈길을 자유자재로 뛰어다니는 모습을 보고 개의 발바닥에 난 흠집을 본떠 신발 바닥에 칼로 빨래판 문양을 새겨 넣었는데, 그것이 데크 슈즈의 시작이었다. 따라서 스페리 탑 사이더 sperry top-sider 라는 이름은 지금도 데크 슈즈의 대명사로 남아 있다. '보트 슈즈 boat shoes'라고도 불리는 데크 슈즈는 휴양지를 대표하는 신발이지만 신었을 때의 가볍고 편안한 느낌과 남자의 발목을 드러내는 은근한 매력 덕분에 최근에는 도심에서 더 각광받는 신발로 자리 잡았다. 로퍼보다 가볍고 물에 상당히 강해서 장마철에 특히 신기 좋은 데크 슈즈는 남색이나 갈색, 검은색이 스타일링하기 편하다. 밑창 색이 가죽과 같은 것을 선택하면 로퍼 같은 감각으로 연출할 수 있다.

Desert Boots

데크 슈즈(deck shoes)
배 위에서 미끄러지지 않도록 고무 밑창에 홈집을 내어 미끄러짐에 강한 데크 슈즈는 특히 봄과 여름을 위한 신발로 자리 잡았다. 해변에서도 신고 벗기 편할 뿐 아니라 변치 않는 클래식한 디자인이 슈트와도 잘 어울리기 때문이다.

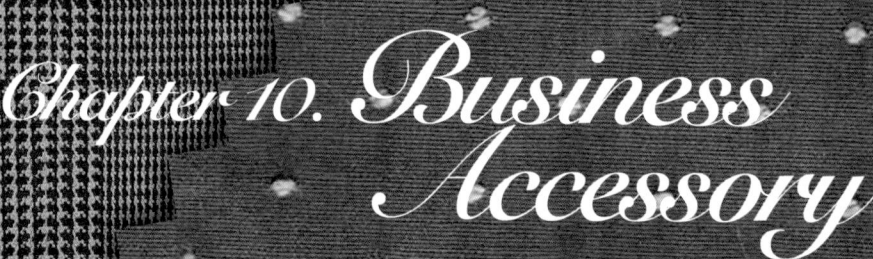

Chapter 10. Business Accessory

1. 가방
2. 벨트
3. 시계
4. 포켓치프
5. 커프 링크스
6. 타이 바
7. 서스펜더

Business Accessory 1 Bag

가방

스마트폰, 태블릿 PC, 지갑, 명함 지갑, 자동차 열쇠, 담배, 라이터, ID카드 등 21세기는 남자들에게도 많은 소지품을 들고 다닐 것을 요구한다. 따라서 이젠 남자도 TPO(Time 시간, Place 장소, Occasion 경우)에 맞춰 가방을 바꿔 들 줄 알아야 한다. 가방 하나로 스타일을 전체적으로 업그레이드할 수 있기 때문이다. 그렇다고 여자 가방처럼 스타일에 방점을 찍는 도구로 활용하자는 말은 아니다. 남자의 가방은 무엇보다 '실용성'이 큰 부분을 차지하므로 자신의 라이프 스타일과 얼마나 자연스럽게 어울릴 수 있는지를 따져 보는 게 중요하다. 어떤 셔츠에 어떤 넥타이를 매치하느냐 하는 것만큼이나 어떤 옷에 어떤 가방을 들 것인가를 고민해야 한다. 또 가방을 고르는 것 이상으로 드는 방법도 중요하다. 기본적으로 가방이 옷차림을 망가뜨려서는 안 된다. 슈트를 입고 가방을 매면 슈트가 구겨지게 되고, 어깨끈 때문에 재킷 모양이 뒤틀어지니 손으로 드는 가방이 최선이다.

Briefcase

브리프케이스(briefcase)

누가 뭐래도 질 좋은 가죽 소재의 브리프케이스는 전문직 남성을 떠올리게 한다. 브리프케이스의 손잡이를 굳게 움켜쥔 손에서 신뢰와 품격이 느껴지기 때문이다. 따라서 서류나 노트북이 들어갈 정도로 넓고, 평생 사용할 수 있을 정도로 튼튼해 보이는 것이 좋다. 아버지 세대가 들고 다녔던 007 가방 스타일의 투박한 브리프케이스는 매일 들고 다니기에는 크기와 무게, 모두 부담스럽다. 요즘은 훨씬 작고 부드럽고 가벼운 게 대세다.

Portfoglio

포트폴리오(portfolio)
이탈리아어로 '종이를 옮긴다'는 뜻을 가진 포르타포글리오(portafoglio)에서 '포트폴리오'란 이름이 나왔다. 손잡이가 없는 것이 특징이며 손에 쥐거나 팔과 몸 사이에 껴서 든다. 요즘은 비즈니스에 많은 서류가 필요하지는 않지만 A4 사이즈 정도의 포트폴리오 백은 최소한의 격식을 갖추면서 비즈니스에 필요한 물건을 수납할 수 있게 해준다. 슬림한 두께에서 느껴지는 경쾌함이 깔끔한 인상을 줘서 한결 젊고 능력 있는 비즈니스맨으로 보인다.

Tote Bag

비즈니스 토트백(business tote bag)

비즈니스 백도 복장과 마찬가지로 점점 캐주얼하게 변하고 있다. 따라서 원래 여성의 전유물이던 토트백을 남자들이 커다란 배낭이나 서류가방 대신 들고 다니는 모습은 이제 어색하지 않다. 하지만 어정쩡한 사이즈의 토트백은 여자 가방을 대신 들고 있는 느낌을 주니 이왕이면 큰 사이즈의 가죽 백으로 스타일링에 묵직함을 더하는 것이 좋다.

Business Accessory 2 Belt

벨트

아무리 옷장에 멋진 옷이 가득하더라도 벨트를 하나만 가지고 있다면 멋쟁이란 칭호는 영영 얻을 수 없을 것이다. 벨트는 중심을 잡아주는 꼭 필요한 아이템이기 때문에 스타일에 따라 어울리는 벨트를 매치하는 것은 아주 중요하다.

벨트는 디테일이 단순할수록 좋다. 브랜드 로고가 눈에 띄지 않는 깔끔한 금속 프레임 버클과 질 좋은 가죽 소재의 벨트는 슈트 재킷 안에서 쉽게 두드러지지 않겠지만, 언뜻 드러나는 순간에 그 남자의 품격을 말해주는 결정적인 요소가 된다. 또 벨트 길이에도 세심한 신경을 기울여야 한다. 가장 이상적인 벨트 길이는 버클을 다 채웠을 때 벨트 끝이 바지 첫 번째 고리와 두 번째 고리 사이에 오는 것이다. 캐주얼 룩이 아니라면 벨트 길이는 이 정도가 적당하다.

Leather Belt

가죽 벨트(leather belt)
남자의 진중하고 성숙한 이미지를 반영하는 데 더없이 좋은 액세서리가 바로 가죽 벨트다. 컬러는 옷보다는 구두와 맞추어 전체적인 조화에 신경 쓰는 것이 중요하다. 구두와 색을 맞추기 위해서 검정과 갈색을 갖춘다. 둘 다를 갖추기 어려운 남자를 위해 양면 사용이 가능한 벨트도 나와 있다. 양면 벨트를 선택할 때 한쪽이 지나치게 도드라지지는 않는지, 실제로 양면 모두를 활용할 수 있을 것인지 살펴보아야 한다. 벨트 버클의 색은 시계와 매치하는 것이 현명하다.

위빙 벨트(weaving belt)

컬러감이 돋보이는 위빙 벨트는 데님부터 컬러 팬츠, 화이트나 블랙 팬츠에도 무난하게 잘 어울려 꾸준히 사랑받는 스타일이다. 자신의 허리둘레에 맞게 조절 가능한 것 또한 위빙 벨트의 매력이다. 벨트 고리에 넣지 않고 앞으로 늘어뜨려도 스타일리시하게 보인다. 어두운색 계열의 위빙 벨트를 슈트와 매치하면 평범한 룩에 색다른 포인트를 줄 수 있다. 어떤 벨트라고 해도 벨트 버클은 벨트 폭에서 크게 벗어나지 않는 사이즈를 선택하는 것이 현명하다.

리본 벨트(ribbon belt)

엄격하기만 하던 남자의 벨트에 경쾌함을 불어넣은 것이 바로 리본 벨트다. 보통 버클이 있어야 할 자리에 2개의 독특한 고리가 달려 '더블 링 벨트(double ring belt)'라고도 한다. 가벼운 소재와 밝은 컬러, 다양한 패턴을 두루 겸비한 리본 벨트는 무채색의 클래식 슈트보다 캐주얼한 치노 팬츠와 잘 어울린다. 클래식 슈트보다는 재킷과 타이 없이 입는 캐주얼 스타일에 제격이다. 남자의 캐주얼용 벨트는 바로 이것이어야 한다.

Business Accessory 3 Watch

시계

남자의 취향과 스타일이 반영되는 손목시계는 패션 아이템을 넘어 분명 자신을 표현하는 중요한 수단이기도 하다. 따라서 소맷부리에서 힐끗 보이는 시계는 과하게 번쩍거리는 것은 피하고, 위화감 없이 자연스럽게 자기주장을 할 수 있는 하나를 선택하면 틀림없다. 메탈은 내구성이 강하고 카리스마도 느끼게 하며 신뢰감도 줄 수 있다. 가죽은 세련미가 있고 온화함과 따뜻함을 느끼게 해준다. 너무 두껍거나 넓은 시계는 셔츠 커프스에 걸릴 위험성이 높으므로 피하는 것이 좋다. 스마트폰의 보급 등으로 시계를 착용하는 사람이 점점 줄어드는 게 사실이지만 제대로 된 슈트 스타일에 시계를 차는 것은 암묵적인 규칙이다. 시간은 약속이고, 시계는 약속에 수반되는 신뢰를 상징한다. 따라서 시계는 남자에게 시간을 알려주는 도구 이상의 의미가 있다.

Dress Watch

드레스 워치(dress watch)
남자의 보수적인 정장 차림에 어울리도록 만든 단정한 시계다. 주로 간결하고 장식이 없는 스타일로 고전적인 풍모를 풍긴다. 케이스는 대부분 원형이지만 정사각형이나 직사각형, 혹은 직사각형에 중심이 볼록한 형태도 있다. 정사각형 케이스는 스퀘어(square), 직사각형 케이스는 렉탱귤러(rectangular), 중심이 볼록하면 토노(tonneau) 형태라고 한다. 거의 가죽 밴드를 쓰는 것도 드레스 워치의 특징이다. 다이버 시계를 정장에 매치해도 괜찮은 세상이 되었지만 그래도 전통적인 정장에는 전통적인 드레스 워치가 어울린다.

Chronograph Watch

크로노그래프(chronograph)
크로노그래프는 수백 개의 미세한 부품을 손으로 조립하는 복잡한 기계이기 때문에 그만큼 비싸고 다양한 기능으로 많은 사랑을 받는 시계다. 휴대전화의 보급으로 시계가 실용성보다 액세서리 요소를 담당하게 된 요즘 과거의 드레스 워치라고 하는 개념조차 이 시대에 맞지 않게 되어 버린 것 같다.

Diver Watch

다이버 워치(diver watch)
물에 약한 시계에 고도의 방수 기술을 탑재한 방수와 잠수에 특화된 시계를 가리 킨다. 방수는 밀폐 및 내압 기술과, 잠수는 다이빙에 관련된 기능과 연결된다. 밀폐 기술은 물이 들어오지 못하게 하고, 내압 기술은 수심이 깊어짐에 따라 점 차 강해지는 수압을 견디게 한다. 뛰어난 방수성을 자랑하는 다이버 워치는 비 즈니스 자리에 더해져도 손색없는 아이템이다.

Business Accessory 4 Pocketchief

포켓치프

손수건을 꽂던 것에서 유래한 포켓치프 pocketchief 는 과거에는 연인이 모욕을 당했을 때 재빨리 뽑아 얼굴을 가려주거나 카사노바들이 향수를 약간 뿌려 연인을 왼쪽 가슴 위로 끌어안으며 유혹할 때 애용하던 소품이었지만, 현재는 다양한 꾸밈 수단으로 사용되고 있다. 슈트 입은 세월을 생각하면 익숙해질 법도 한데 여전히 포켓치프를 가슴 한편에 꽂는 걸 부끄러워하는 남자들이 있다. 게다가 꽂고 다니긴 하되 그 표현법을 제대로 모르는 남자들도 많다. 리넨, 울, 실크, 면 등 다양한 소재가 있는데 재킷의 소재와 맞춰 통일감 있게 연출하는 것이 기본 테크닉이지만, 일단 흰색 리넨 소재의 포켓치프부터 갖추자. 어디에나 잘 어울릴 뿐만 아니라 상쾌하며 깔끔한 인상을 만들고, 지나치게 멋 부린 느낌이 나지 않으면서도 은근히 눈길을 사로잡는다.

TV Folder

TV 폴더(TV folder)

1940년대 후반 미국 TV 앵커들이 TV 화면의 수평에 포켓치프의 수평을 맞추었다고 해서 붙여진 이름으로 '스퀘어 엔디드 폴드' 라고도 부른다. 포켓치프의 끝을 네모반듯하게 수평으로 접어 꽂는 방법으로 가장자리가 1cm 정도 살짝 엿보이는 것만으로도 긴장감이 돌면서 추진력을 느끼게 한다. 어떤 상황에서도 어울리지만 반듯한 인상을 주기 때문에 특히 비즈니스 자리에 잘 어울리는 기본형이다.

Puffed Style

퍼프트 스타일(puffed style)
포켓에서 치프의 푹신한 볼륨감이 엿보이도록 꽂는 방법이다. 슈트 스타일에 우아하고 아름다운 인상이 더해진다. 포멀한 자리나 캐주얼한 자리에서 모두 활용할 수 있고, 흰색 무지에서 색이나 무늬가 있는 것까지 다양한 치프를 이용할 수 있다. 포켓치프 색을 고를 때는 타이와 같은 색은 피하자. 얼핏 타이와 색을 맞추는 것이 어울릴 듯하지만 보색같이 완전히 반대되는 색이나 타이의 포인트 색상과 맞추는 게 좋다.

Three Peaks

스리 피크스(three peaks)
3개의 각을 세워 가장 드레시한 인상을 주는 방법으로, 포멀한 자리에서 많이 활용하는 클래식한 스타일이다. 삼각 모양의 정점을 몇 개씩 보이게 하는 멀티 포인티드 폴드(multi pointed fold)의 변형이다. 격식이 필요한 자리에서 위엄이나 관록을 드러낼 때 흰색 무지의 리넨이나 실크 포켓치프를 쓰는 것이 규칙이지만 그 외에는 어떤 색이나 무늬라도 괜찮다. 특히 다크 슈트 스타일에 잘 어울린다.

Business Accessory 5 Cuff Links

커프 링크스

커프 링크스 cuff links 란 셔츠의 소맷부리 부분인 커프를 채울 때 단추 대신 사용하는 액세서리를 말한다. 일반 셔츠에 착용할 수 있는 것이 아니라 소맷부리 양쪽에 단춧구멍이 있어서 단추로도 커프 링크스로도 채울 수 있는 컨버터블 커프스 convertible cuffs 나 커프 링크스 사용을 전제로 한 프렌치 커프스 french cuffs 에서만 사용할 수 있다. 프렌치 커프스는 '더블 커프스 double cuffs' 라고 부르기도 한다. 커프 링크스 디자인은 다양하지만 너무 눈에 띄는 화려한 보석이나 독특한 모양이라면 차라리 하지 않는 것이 낫다. 자칫하면 너무 유치하거나 빈티날 수 있으니 심플한 것으로 고급스러움을 연출하자. 광택이 적고, 알이 작은 제품이 무난하면서 품위 있다. 슈트의 기본 색상인 그레이나 네이비에 맞추기도 쉽기 때문에 하나만 간직한다면 반드시 이런 것을 선택해야 한다.

티백 커프 링크스(T-back cuff links)

격식을 차려야 할 자리라면 셔츠에 커프 링크스를 끼우는 것이 예의다. 상황이나 스타일에 따라 달라지지만 가장 기본이 되는 커프 링크스의 매듭 방식은 T자 상태로 채우는 것이다. 슈트를 즐기지 않는 사람이라도 이 정도쯤은 하나 가지고 있을 것이다. 이 스타일은 베이식해서 웬만한 슈트 스타일이라면 다 무난히 어울린다. 하지만 패턴이 화려한 셔츠라면 커프 링크스를 매치하는 건 의미 없는 일이다.

Silk Knot Cuff Links

실크노트 커프 링크스(silk knot cuff links)
남자의 소맷부리는 재킷과 셔츠의 색깔 및 소재가 좁은 면적 안에서 복잡하게 교차하는데, 커프 링크스는 그것을 정리하는 역할을 한다. 보석이나 금속 제품이 부담스럽다면 동글동글 실이 엉킨 모양의 실크노트 커프 링크스를 시도해 보자. 실크노트 커프 링크스는 두 번 접도록 디자인된 프렌치 커프스 셔츠와 매치하는 것이 정석이지만, 옥스퍼드 스트라이프 셔츠에 끼워도 무방하다. 옥스퍼드 셔츠가 풍기는 캐주얼함을 격조 있게 바꿔준다.

체인 커프 링크스(chain cuff links)
체인으로 연결된 커프 링크스는 블랙 턱시도나 연미복처럼 포멀한 의상을 소화할 때 필요한 아이템이다. 따라서 빳빳하게 풀을 먹인, 폭이 넓은 커프에 매치해야 제격이다. 장식이 양쪽으로 보이기 때문에 예전엔 부유층에서만 사용할 수 있었던 커프 링크스가 고급스럽게 어울린다. 화려한 스타일을 연출하고 싶다면 보석이 박힌 커프 링크스를 선택한다. 이때 시계까지 너무 화려한 것을 선택하면 안 된다. 손목에서 번쩍거리는 건 하나로 충분하다.

Business Accessory 6 Tie Bar

타이 바

타이 바 tie bar 는 셔츠와 타이의 위치를 고정하는 기능적인 아이템이다. 동시에 그것 자체로 포인트 액세서리가 되기 때문에 매력적인 브이존을 연출하는 데 빼놓을 수 없는 도구이다. 자칫 나이 들어 보이는 이미지가 강한 아이템이지만 비즈니스맨의 위엄을 살려주는 데 이만한 것도 없다. 뻔하고 고리타분한 브이존에 심플한 디자인의 타이 바로 권위를 부여해 보자. 요즘은 손가락 한 마디 길이의 짧은 타이 바도 많이 나오지만, 이상적인 길이는 타이 너비의 2/3~3/4 정도가 적당하며, 절대로 타이 폭보다 길면 안 된다. 타이 바를 연출할 때는 셔츠의 세 번째와 네 번째 단추 사이에 위치하는 것이 정석이다. 재킷의 브이존 길이에 따라 예외를 둘 순 있지만 포멀한 투 버튼 슈트에는 반드시 이 공식을 적용해야 한다.

타이 바(tie bar)
재킷을 입은 상태에서 살짝 엿보이는 정도의 위치에 끼우는 것이 기본이다. 보일 듯 말 듯한 타이 바가 브이존을 더욱 세련되게 마무리한다. 셔츠만 입을 때는 재킷을 입었을 때와 같은 위치도 괜찮지만, 조금 아래에 두는 쪽이 상반신을 앞으로 숙였을 때 넥타이가 방해되지 않기 때문에 편리하다. 개성을 표현하고 싶다면 넥타이보다 약간 위쪽에 끼워 타이 바를 드러내는 방법도 괜찮다. 너무 지나치지만 않으면 요염함이 부각된다.

Business Accessory 7 Suspender

서스펜더

일명 '멜빵'이라고 부르는 서스펜더suspender는 깔끔하고 샤프한 이미지가 중요한 비즈니스 슈트와는 잘 어울리지 않을 뿐 아니라, 벨트에 길들여진 우리나라 남자들에겐 낯설기까지 한 아이템이다. 그렇다고 쉽게 단념하기에는 꽤 럭셔리한 매력이 있는 아이템이기도 하다. 서스펜더가 처음 등장한 것은 19세기 중반인데, 벨트가 아직 없던 그 당시 남자들은 밑위가 긴 여유로운 사이즈의 바지를 입었다. 바지가 흘러내리지 않게 잡아주면서 겉으로 드러나지 않도록 재킷 안에 착용한 것이 바로 서스펜더였다. 벨트가 발명된 이후 손이 많이 가고 부자재도 더 필요한 서스펜더는 서민이 아닌 부유층만이 누릴 수 있는 액세서리로 자리 잡았다. 아무리 럭셔리한 아이템이라도 서스펜더를 벨트와 함께 착용하는 순간 스크루지 영감으로 전락하게 된다는 점을 명심하자.

Suspender

서스펜더(suspender)
서스펜더는 허리에 바지의 일부분을 묶어 놓는 벨트와 달리, 어깨에 바지를 매달아 바지 앞면과 뒷면의 선을 유지하면서 완벽한 수직 라인을 만든다. 클래식 슈트, 그중에서도 앞 주름을 잡아 통을 넓게 재단한 바지를 즐겨 입는다면 벨트가 아닌 서스펜더가 정답이다. 가장 적당한 서스펜더의 두께는 1¼인치 혹은 1½인치 정도인데, 이보다 좁거나 넓으면 불편하다. 끝부분에 클립이 달린 것보다 버튼홀에 고정시키도록 만들어진 것이 정장용으로 적합하다.

Chapter 11. Casual Accessory

1. 안경
2. 부토니에
3. 손수건
4. 머플러
5. 스카프
6. 양말
7. 언더웨어

Casual Accessory 1 Eyewear

안경

안경은 시력 교정을 위한 도구이다. 하지만 멋쟁이들이 안경에 신경을 쓰는 이유는 기능을 넘어 스타일링의 한 부분을 차지하고 있기 때문이다. 얼굴에 직접 착용하는 유일한 아이템인 데다가 인상이 확 바뀌다 보니 신경 쓰지 않을 수 없다. 멋진 안경을 찾는 것은 쉽지만 자신의 얼굴에 딱 맞는 안경을 찾기란 정말 어렵다. 안경 디자인도 중요하지만 스타일링은 쓰는 사람의 얼굴 형태와 피부색, 헤어스타일 등 다양한 요소에 영향을 받기 때문이다. 그렇다고 대충 골라 쓰기에는 안경의 영향력이 너무 크다. 얼굴 생김새에 큰 영향을 미칠 뿐 아니라 그 사람의 취향을 직접적으로 드러내 주니 만족할 만한 안경을 찾을 때까지 발품을 팔고 시간을 투자할 충분한 가치가 있다.

❶ 템플(temple)
안경다리. 얼굴과 접촉 면적이 크기 때문에
내구성과 탄력성이 크다.

❷ 템플 팁(temple tip)
템플 끝에 끼워진 금속이나 합성수지 소재의 안경 부품으로 썼을 때의 느낌을 크게 좌우한다.

❹ 브리지(bridge)
프런트 중앙에서 좌우의 림을 연결하는 부품으로 안경을 쓸 때 중요한 부분이다.

❺ 힌지(hinge)
템플을 펴거나 접을 때 경첩 역할을 한다.

❻ 노즈 패드(nose pad)
콧등 위로 흘러내리는 안경의 위치를 고정시킨다. 직접 코에 닿기 때문에 닿았을 때의 느낌을 고려한 다양한 소재가 있다.

❸ 아이 림(eye rim)
렌즈를 둘러싸는 테로 '림'이라고도 부른다. 렌즈 전체를 림이 둘러싼 일반적인 타입은 '풀 림'이다. 림이 없는 프런트도 있다.

Wellington Style

웰링턴(wellington)

웰링턴은 림의 형태가 사다리꼴이고 윗변이 아랫변보다 긴 것이 특징이다. 비교적 렌즈 부분의 면적이 큰 디자인이 많기 때문에 얼굴이 작아 보이는 효과가 있다. 세로 폭이 넓은 프레임이라서 긴 얼굴형에 특히 잘 어울린다. 넓은 세로 폭이 얼굴에 가로 라인을 만들어 긴 얼굴을 잘 커버하기 때문이다. 클래식한 분위기로 어떤 스타일에도 잘 어울리는 프레임이다.

Boston Style

보스턴(boston)
이름 그대로 미국 보스턴에서 유행한 스타일이라 이런 이름이 붙었다고 한다. 둥근 느낌을 띤 역삼각형 모양이며, 각진 부분이 없기 때문에 인상을 부드럽게 만드는 효과가 있다. 둥근 프레임이 각진 얼굴을 부드럽고 날렵하게 보여주기 때문에 턱이 각진 얼굴형이라면 강력 추천한다. 사이즈에 상관없이 작은 프레임은 지적인 분위기 연출에, 큰 프레임은 클래식한 분위기 연출에 좋다.

Round Style

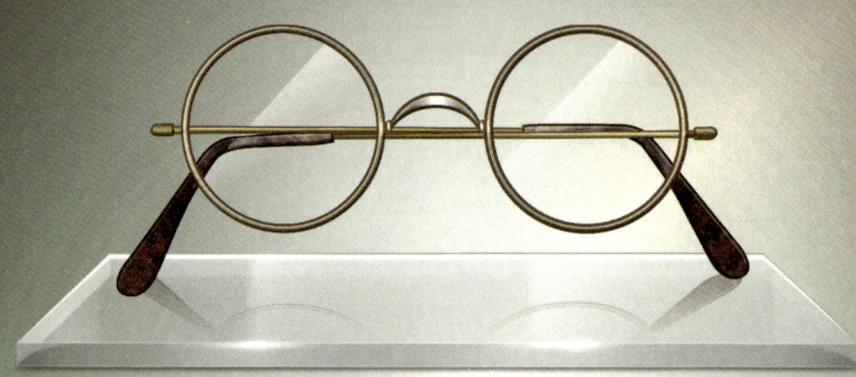

라운드(round)
안경이라고 하는 시력을 보정하는 도구가 처음 생긴 것은 13세기 말의 이탈리아였다. 제1호는 둥근 형태의 라운드 프레임이었다고 한다. 물론 초기의 안경은 대부분 이 라운드 스타일이었다. 미국의 희극 배우인 헤롤드 로이드가 쓰고 있었던 것에서 '로이드 형'이라고도 불린다. 개성과 함께 부드러운 인상을 주는데, 클래식한 분위기의 원형 안경은 시원시원한 인상을 주는 각진 얼굴에 잘 어울린다. 딱딱해 보이는 인상을 조절해 온화한 느낌을 주기 때문이다.

Oval Style

오벌(oval)

오벌은 타원형이나 달걀형을 가리키는 말로, 동그란 원이 아닌 원형 안경의 총칭이다. 라운드 프레임이 진화해서 생긴 모양이라고 생각되지만 세로 폭이 좁고 가로 폭이 넓다. 모든 얼굴형에 잘 어울리지만 역삼각형 얼굴에 특히 잘 어울린다. 부드럽고 상냥한 인상을 주기 때문에 날카로운 얼굴을 잘 보완한다. 단 세로 폭이 큰 프레임을 선택하면 마른 얼굴이 강조되어 차가워 보이니 주의한다.

Brow Style

브로우(brow)
브로우는 '눈썹'을 뜻하는 말이다. 프레임 윗부분이 눈썹처럼 보이기 때문에 '브로우 형'이라고 부르게 되었다. 이름 그대로 눈썹을 강조하기 때문에 남성적인 눈가를 만들기에 제격이다. 예리하고 샤프한 이미지를 주기 때문에 이 디자인은 중상급자용 안경이라고 할 수 있다. 단 브로우 형을 고를 때는 눈썹과의 밸런스에 주의한다. 눈썹 숱이 적은 사람이라면 이 프레임으로 커버할 수 있다.

Square Style

스퀘어(square)

스퀘어는 그 이름대로 사각형의 기본적인 모양이기 때문에 안경점의 선반에 가장 많이 늘어서 있는 디자인이다. 지적이고 샤프한 이미지를 연출할 수 있어 둥근 얼굴형이 많은 우리나라 사람들에게 잘 어울리는 프레임이다. 얼굴 폭이 넓은 편이라면 큰 프레임을 선택하는 것도 좋다. 심플한 형태지만 스포티한 캐주얼 스타일에도, 포멀한 스타일에도 맞출 수 있는 만능 안경이다.

Casual Accessory 2 Boutonnier

부토니에

부토니에 boutonnier 는 '단춧구멍'을 의미하는 프랑스어로 재킷의 버튼홀에 꽃을 꽂던 것에서 유래했다. 오래 전 유럽에서는 남성이 꽃다발을 건네며 여성에게 청혼하면 여성이 승낙한다는 의미로 꽃 한 송이를 남성의 가슴에 꽂아주었다. 또 옛 상류사회에서는 파티에 같이 간 여자에게 가슴에 있는 부토니에를 건네는 것이 관례였는데, 이후 기념일이나 격식을 차리는 자리의 옷차림에 종종 사용되면서 신사다움의 상징이 되었다. 원래는 생화를 꽂았었지만 요즘은 원단이나 금속으로 만든 제품을 재킷의 라펠 구멍에 정갈하게 꽂아 감각을 표현하는 수단으로 이용한다. 천과 금속 등 실용적인 소재를 사용하고 블루, 레드, 브라운 등 컬러도 다양해졌으며 꽃이 아닌 다양한 모양의 부토니에도 많이 나오고 있다.

Boutonnier

부토니에(boutonnier)
부토니에는 재킷에 매치하는 액세서리인 만큼 타이나 셔츠와의 어울림이 중요하다. 톤 온 톤으로 무난하게 연출하거나 컬러풀한 부토니에를 활용해 단조로운 슈트에 강렬한 포인트를 만드는 방법도 멋스럽다. 처음 착용하는 남자라면 꽃 모양을 추천한다. 가슴에 꽃을 단 것만으로도 충분히 로맨틱해 보인다. 일상적으로 사용하고 싶다거나 꽃 모양이 부담스럽다면 꽃이 아닌 디자인의 부토니에를 사용해 스타일에 활력을 불어넣어 보자.

Casual Accessory 3 Handkerchief

손수건

요즘은 바지 뒷주머니에서 손수건을 꺼내 땀이나 안경 등을 닦는 남자의 모습을 영화 속에서도 찾기 어렵다. 귀해진 장면인 만큼 손수건을 지니는 것만으로도 품격 있는 남자로 어필할 수 있다. 바쁜 아침 시간에 날마다 손수건을 준비하는 일은 번거로울 수 있다. 하지만 그 매일의 번거로움이 깔끔하고 완벽한 신사로 보이게 한다는 것에 이의를 제기하긴 어렵다. 특히 더운 여름철 흐르는 땀을 그냥 방치하거나 휴지로 닦아 얼굴 여기저기 휴지 조각을 붙이고 있는 모습은 나이 든 남자가 할 짓이 아니다. 뿐만 아니라 손수건이 필요한 그녀에게 건넬 수 있기까지 하다면 진정한 젠틀맨으로 보인다. 손수건은 무엇보다 청결의 상징이어야 한다. 그러니 기왕 가지고 다닐 거라면 항상 깨끗한 상태로 제대로 다림질해서 준비하자.

Handkerchief

손수건(handkerchief)
남자와 여자의 손수건을 구별하는 방법은 디자인이 아니라 크기이다. 보통 여자용 손수건은 30cm 내외이고, 남자용 손수건은 40cm 이상이다. 손수건은 바지 뒷주머니에 꽂는 것이 정석이지만, 급할 땐 재킷의 가슴 포켓에 꽂는 포켓치프로도 사용할 수 있도록 부드러운 코튼 소재로 선택하는 것이 현명하다. 체크나 작은 무늬, 스트라이프 등 클래식한 무늬는 언제나 품격을 표현한다. 센스 있는 손수건 한 장으로 멋과 매너를 갖춘 품위 있는 남자로 거듭나 보자.

Casual Accessory 4 Muffler

머플러

스카프 scarf가 패션을 위한 것이라면 머플러 muffler는 패션과 동시에 추위까지 막아주는 실용적인 액세서리다. 보온 기능도 있어야 하기 때문에 패턴이나 디자인뿐만 아니라 크기나 소재도 중요하다. 고급스러운 소재나 화려한 패턴으로 전체 스타일을 변화시키는 것은 물론, 얼굴이 화사해지는 효과까지 얻을 수 있다. 따라서 머플러는 절대적인 필수 아이템은 아니지만, 갖춰두면 계절을 불문하고 여러모로 요긴하게 활용할 수 있는 강력한 무기가 될 것이다. 민무늬 머플러는 어디나 잘 어울리고 컬러 선택 폭이 넓기 때문에 취향에 따라 고를 수 있는 기본 아이템이다. 다양하게 활용할 수 있는 단색 머플러를 약간 화려한 느낌의 밝은 것으로 선택하면 무겁고 칙칙해 보이기 쉬운 겨울철 스타일링에 화사함을 더할 수 있다.

Muffler

머플러(muffler)
머플러라도 레지멘탈이나 체크 같은 클래식한 무늬라면 역시 기품 있는 스타일을 표현할 수 있다. 특히 체크 머플러는 다른 패턴보다 포근한 느낌을 줄 뿐만 아니라 연출하는 방법에 따라 전혀 다른 분위기로 연출할 수 있다. 해골 등 너무 강렬하거나 화려한 패턴을 가미한 머플러라면 자칫 부담스러울 수 있으므로 보이는 면적을 좁게 하는 것이 현명하다. 따뜻하고 포근한 촉감만큼 부드러운 인상을 주는 니트 머플러는 무심한 듯 하나만 툭 걸쳐도 멋스럽다.

Casual Accessory 5 Scarf

스카프

스카프의 여성스러운 느낌 때문인지 남자가 쉽게 다가가기 어려운 아이템이다. 하지만 스카프의 유래를 살펴보면 여자가 아니라 남자가 먼저 사용했다고 한다. 고대 로마에서 스카프는 남자들이 땀을 닦기 위해 사용하는 '땀수건'의 용도로 사용되었다. 문명의 발전과 더불어 땀을 많이 흘릴 일도 없어지게 되면서 점차 패션 액세서리로 자리 잡은 것이다. 남색 바탕에 도트 무늬나 작은 문양의 것으로 시도해 보자. 크기는 70~90cm가 다루기 쉽다. 이 스카프라면 어떤 재킷이나 셔츠에도 잘 어울리기 때문에 편리하다. 뿐만 아니라 방한과 나이가 드러나는 목주름을 숨기는 데도 최적의 아이템이다. 또 실크 silk 제품을 선택하는 게 좋다. 고급스러운 소재는 나이 든 남자의 지난 세월을 품격 있게 대변해준다.

스카프(scarf)
스카프를 매는 방법은 다양하지만 세 가지 방법만 익혀두면 자연스럽게 연출할 수 있다. 우선 스카프를 세로로 길고 폭이 좁게 접은 다음 목에 걸친 후 애스콧 타이(ascot tie)처럼 맨다. 간단하지만 포멀도가 높은 방법이다. 익숙해지면 스카프를 목에 걸치고 앞에서 한 번 묶어 본다. 세련된 인상을 줄 수 있다. 스카프를 앞에서 뒤로 돌리고 교차시키면서 앞에서 묶고, 묶은 끝을 셔츠 밖으로 꺼내면 캐주얼하게 마무리된다.

Casual Accessory 6 Socks

양말

슈트를 잘 차려 입고도 잘못 고른 양말 하나 때문에 스타일을 단번에 망쳐버리는가 하면, 양말 하나로 남다른 개성을 표현할 수도 있다. 불과 몇 년 전까지만 해도 보온이나 위생상 신던 것이었는데, 스타일의 마침표를 찍어줄 패션 아이템으로 떠오른 것도 전부 이런 이유에서다. 밋밋하기 그지없던 디자인에 칙칙한 색깔의 양말이 다채로운 컬러와 화려한 패턴으로 놀랄 만큼 과감해졌다. 그렇다고 지나치게 과한 패턴이나 컬러를 사용하면 시각적으로 분리되어 다리가 짧아 보일 수 있다. 양말과 신발을 매치할 때 가장 안전한 방법은 양말을 구두가 아니라 바지의 컬러에 맞추는 것이다. 비즈니스 룩이라면 바지나 구두에 색을 맞춰 무난하게 연출하는 것이 좋지만, 캐주얼 룩이라면 과감한 패턴이나 컬러를 사용해 스타일링에 감각을 더할 수 있다.

Suit Socks

슈트 양말(suit socks)
슈트를 입을 때 검정 양말은 언제나 안전한 선택인 대신 식상하고 재미없다. 걷거나 의자에 앉을 때 살짝 엿보이는 잔잔한 패턴의 양말을 신은 남자는 충분히 감각적으로 보인다. 체크, 도트, 스트라이프, 플라워 등 다양한 패턴의 양말에 눈길을 돌려 보자. 슈트 스타일이 순식간에 업그레이드될 수 있다. 비즈니스 슈트와 같은 계열이거나 한 톤 어두운 색으로, 하지만 구두보다는 옅은 색으로 스타일링하면 완벽하다.

Stripe Socks

스트라이프 양말(stripe socks)
평범한 스타일에 확실한 포인트를 주고 싶다면 밝은 톤의 스트라이프 양말이 정답이다. 무난하면서도 확실한 존재감을 나타내는 스트라이프 패턴 양말은 자유분방한 캐주얼부터 포멀한 비즈니스 슈트까지 어떤 스타일에도 잘 어울린다. 무채색의 슈트에 스트라이프 양말을 매치하면 경쾌한 스타일로 연출되며, 특히 톤다운된 스트라이프 양말은 전체적인 스타일에 통일감을 주는 역할을 한다. 멋쟁이 이태리 남자들이 스트라이프 양말을 사랑하는 데는 다 이유가 있다.

Casual Socks

캐주얼 양말(casual socks)
밝은 색상의 양말을 신으면 밝고 개방적인 이미지를 표현할 수 있다. 그렇다고 비비드한 컬러를 선택하면 너무 가벼워 보일 수 있으니 주의한다. 비슷한 컬러와 패턴의 상의를 매치하면 양말과 상의 모두 돋보일 것이다. 경쾌한 캐주얼 스타일에도 스트라이프나 아가일, 도트와 같은 클래식한 패턴의 양말을 신자. 곰돌이 푸나 무한도전 멤버들이 그려진 프린트 양말은 혼자 있을 때도 신으면 안 된다. 아무리 캐주얼이라고 해도 적당히 과감하고 적당히 컬러풀한 양말을 선택해야 할 나이다.

Casual Accessory 7 Underwear
언더웨어

아무리 비싸고 멋진 속옷을 입어도 겉으로 드러나지 않기 때문인지 속옷까지 세심하게 주의를 기울이는 남자들은 드물다. 가장 은밀한 부분까지 완벽하다는 것은 결과적으로 자부심을 형성하는 밑거름이 된다. 작은 디테일이나 미묘한 톤 차이가 전체적인 스타일을 한 단계 올려주는 것처럼, 속옷은 스타일을 주도하지는 않지만 도움을 주는 역할을 톡톡히 하기 때문에 반드시 신경 써야 하는 기본 아이템이다. 특히 옷의 두께가 얇아지고 흰 옷처럼 옅은 색의 옷이 많아지는 여름에는 속옷을 고려해서 입어야 실루엣과 분위기를 망치지 않는다. 속옷을 선택할 때는 본인이 주로 입는 옷의 형식에 맞춰 고른다. 슈트를 주로 입는다면 패턴이 들어가지 않은 기본적인 형태가 좋다. 속옷 모양은 취향보다 체형을 고려해서 골라야 한다.

Running Shirt

러닝셔츠(running shirt)
원래 셔츠는 속옷으로 분류하기 때문에 분명 셔츠 안에 속옷을 입지 않는 것이 올바른 착장법이다. 하지만 길고 무더운 여름날 겨드랑이나 등이 땀으로 흥건히 젖은 셔츠는 불쾌감을 가져다줄 뿐이다. 땀은 속옷으로 흡수하는 것이 가장 청결하다. 그렇다고 셔츠 아래에 러닝이 비쳐 보이면 섹시함이 살지 않는다. 따라서 흰색 셔츠를 입을 때는 베이지 같은 스킨 톤을, 색이 있는 셔츠를 입을 때는 흰색 러닝을 입으면 비치지도 않고 땀도 묻어나지 않게 입을 수 있다.

Underpants

팬티(underpants)
어떤 속옷을 입어야 멋스러운지 모를 때는 드로어즈(drawers)를 선택하는 것이 가장 무난하다. 슬림한 핏이 많은 정장 팬츠나 청바지 모두에 잘 어울린다. 특히 허리와 배가 적절하게 노출되는 로우 핏(low-fit) 드로어즈는 삐져나온 허리의 살을 커버해줘 탄탄한 복근 없이도 매력적인 허리 라인을 만들어준다. 길이가 짧은 드로어즈는 다리가 길어 보이고 허벅지가 강조되어 남성미가 넘쳐 보인다. 또 몸에 밀착되는 사각팬티 형태의 드로어즈나 삼각팬티를 선택하면 아저씨 패션은 피할 수 있다.

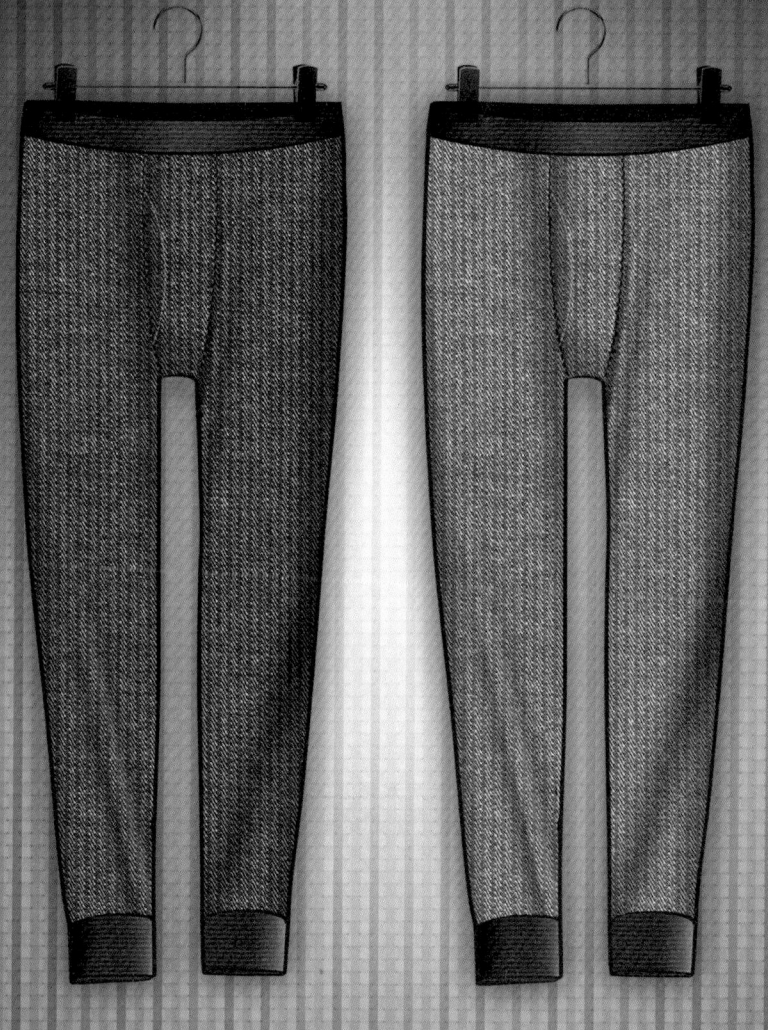

타이츠(tights)
찬바람이 불면 상의는 얼마든지 껴입어 따뜻하게 할 수 있지만, 껴입기 어려운 하체를 보온하는 것은 어렵다. 그렇다고 할아버지 같은 내복을 입거나 여자들처럼 스타킹을 신어서 칼바람을 막을 수는 없는 노릇이다. 이 문제는 남성용 타이츠가 정답이다. 얇아서 바지의 실루엣을 방해하지 않으면서도 추위를 막아주는 기능성 소재로 된 것을 입는다. 추위를 참는 것이 남성다움의 상징이 아니라 시대에 뒤떨어진 미련한 남자로 보이는 시대다.

INDEX

ㄱ
고지 라인 … 71
그러데이션 … 19
그레이 슈트 … 12
그레이 팬츠 … 302
글렌체크 … 30
깅엄 체크 … 212

ㄴ
내로 타이 … 276
내추럴 숄더 … 69
네이비 블레이저 … 74
네이비 슈트 … 18
네크라인 … 223
넥밴드 … 221
노즈 패드 … 389
노치 … 71
노치트 라펠 … 44
노타이 스타일 … 201
노트 … 274
니트 … 230
니트 베스트 … 258
니트 웨이스트 … 166
니트 타이 … 283

ㄷ
다운재킷 … 144
다이버 워치 … 373
다크 네이비 … 18
더 롤 … 323
더블 딤플 … 279
더블 브레스티드 … 134
더블 브레스티드 슈트 … 40
더블 커프스 … 378
더플코트 … 126
데님 셔츠 … 206
데님 팬츠 … 314
데저트 부츠 … 356
데크 슈즈 … 358
도그 이어 칼라 … 166
드레스 워치 … 371
드로스트링 … 172
드로 코드 … 322
딤플 … 274

ㄹ
라 바르카 … 39
라운드 칼라 셔츠 … 285
라운드 프레임 … 392
라이닝 … 274
라이트 그레이 … 12
라펠 … 41
래글런 … 114
레귤러 칼라 셔츠 … 286
레더 재킷 … 158
레이어드 룩 … 145
레인코트 … 109
레지멘탈 타이 … 19
로 게이지 … 230
로퍼 … 352
리넨 재킷 … 84
리본 벨트 … 369
리브 니트 … 166
리얼 버튼홀 … 101
리퍼 칼라 … 134

ㅁ
마니카 카마치아 … 39
마드라스 체크 … 214
마운틴 파카 … 170
머프 포켓 … 134
멀티 컬러 스트라이프 … 194
멜턴 … 184
모카 스티치 … 352
몽크 스트랩 … 350
미니어처 체크 … 213
미디엄 그레이 … 12

ㅂ
바스크 셔츠 … 224
발마칸 코트 … 114
백 벨트 … 49
백 심 … 72
버뮤다 쇼츠 … 340
버즈아이 … 37
버튼다운 셔츠 … 200
버튼 플라이 … 316
버튼홀 … 71
베스트 … 252
벤트 … 85
벨트 루프 … 310
보머 재킷 … 182
보스턴 프레임 … 391
보트 슈즈 … 358
부토니에 … 396
브라운 슈트 … 31
브레스트 포켓 … 70
브로우 프레임 … 394
브리지 … 389
브리티시 슈트 … 29
브리프케이스 … 363
브이존 … 288
블랙 워치 체크 … 36
블루 스트라이프 셔츠 … 194
블루종 … 164
비즈니스 토트백 … 365

ㅅ
사파리 재킷 … 90
샴브레이 셔츠 … 206
서머 니트 … 231
서스펜더 … 384
세미브로그 … 346
세트인 슬리브 … 117
셀비지 … 316
솔리드 타이 … 285
쇼트 팬츠 … 338
숄더 … 69
숄칼라 … 245
스냅다운 셔츠 … 201
스냅 버튼 … 206
스리피스 슈트 … 46
스리 픽스 … 376
스웨터 … 236
스웨트 팬츠 … 332
스웨이드 프레임 … 395
스타디움 점퍼 … 184
스탠드칼라 … 116
스톰 플랩 … 110
스트라이프 셔츠 … 194
스트라이프 슈트 … 24
스트라파타 … 39
스트레이트 팁 … 346
슬래시 포켓 … 160
슬림 타이 … 276
시어서커 … 89
식스 온 투 … 42
실크노트 커프 링크스 … 380

ㅇ
싱글 브레스티드 슈트 … 40
아이 림 … 389
암홀 … 76
언컨 재킷 … 81
언컨스트럭티드 재킷 … 81
얼터네이트 스트라이프 … 28
에폴렛 … 110
엘보 패치 … 102
오버코트 … 115
오벌 프레임 … 393
올드 재킷 … 176
와펜 … 153
와이드 스프레드 칼라 … 165
와이드 칼라 셔츠 … 284
요크 … 207
울 타이 … 289
워싱 … 315
웨스턴 셔츠 … 206
웰링턴 프레임 … 390
웰트 포켓 … 116
위빙 벨트 … 368
윈도페인 체크 … 30
윙 팁 … 348

ㅈ
지거 … 43
질레 … 252

ㅊ
차콜 그레이 … 12
처커 부츠 … 354
체스터필드 코트 … 120
체인 커프 링크스 … 381
체크 셔츠 … 210
체크 슈트 … 30
체크 재킷 … 94
초크 스트라이프 … 24
치노 팬츠 … 308
친 버튼 … 128
친 플랩 … 110

ㅋ
카고 팬츠 … 320
카고 포켓 … 322
카디건 … 242
카무플라주 … 152
칼라 핀 … 280
캐멀 컬러 … 356
커프 … 72
커프 링크스 … 378
커프 면 파스너 … 172
커프스 … 55
커프스 스냅 버튼 … 146
커프스 지퍼 … 160
커프 스트랩 … 110
컨버터블 커프스 … 378
코로로이 팬츠 … 326
코인 포켓 … 310
코튼 재킷 … 80
콘트라스트 … 294
퀼팅 재킷 … 138
크레스트 … 273
크로노그래프 … 372
크리스 … 59
크리스 라인 … 321
크리에이티브 스타일링 … 298
크리켓 베스트 … 263

ㅋ
클래식 셔츠 … 285

ㅌ
타이 … 272
타이 바 … 280
타이 테크닉 … 276
타이 패턴 … 273
타탄체크 … 216
태슬 로퍼 … 352
태터솔 체크 … 215
터틀넥 … 248
턱 … 63
턴업 … 55
테이퍼드 라인 … 311
테이퍼드 실루엣 … 333
테일러드 재킷 … 68
템플 … 389
템플 팁 … 389
토글 … 128
톤 온 톤 … 13
트렌치코트 … 108
트림 커프 … 323
트위드 재킷 … 100
티백 커프 링크스 … 379
티셔츠 … 222

ㅍ
패치 … 153
패딩 베스트 … 264
퍼프트 스타일 … 377
펀칭 … 348
페니 로퍼 … 352
페어 아일 베스트 … 262
펜슬 스트라이프 … 25
포멀 코트 … 121
포켓치프 … 19
포트폴리오 … 364
폴로셔츠 … 218
풀오버 … 237
프런트 다트 … 70
프런트 커트 … 70
프레젠테이션 스타일링 … 294
플라이트 재킷 … 182
플라이 프런트 … 116
플란넬 셔츠 … 211
플랩 포켓 … 166
플리츠 팬츠 … 339
피케 코튼 … 218
피코트 … 132
핀 스트라이프 … 24
필라 코튼 … 280
필드 재킷 … 152
필 파워 … 145

ㅎ
하운드 투스 체크 … 34
하이 게이지 … 230
핸드 워머 포켓 … 146
헤링본 … 31
헨리넥 셔츠 … 225
협상 스타일링 … 296
화이트 셔츠 … 188
후드 … 146
힌지 … 389

Gentleman
Image
Tuning